T0286998

MESTIZAJE
Y LEYENDA NEGRA

MESTIZAJE Y LEYENDA NEGRA

Vicenta María Márquez de la Plata

www.edaf.net

MADRID - MÉXICO - BUENOS AIRES - SANTIAGO
2023

Editorial Edaf, S.L.U.
Jorge Juan, 68,
28009 Madrid, España
Teléf.: (34) 91 435 82 60
www.edaf.net
edaf@edaf.net

Ediciones Algaba, S.A. de C.V.
Calle 21, Poniente 3323 - Entre la 33 sur y la 35 sur
Colonia Belisario Domínguez
Puebla 72180, México
Telf.: 52 22 22 11 13 87
jaime.breton@edaf.com.mx

Edaf del Plata, S.A.
Chile 2222
Buenos Aires – Argentina
edafdelplata@gmail.com
fernando.barredo@edaf.com.mx
Teléf.: +54 11 4308-5222 / +54 9 11 6784-9516

Edaf Chile S.A.
Huérfanos 1179 – Oficina 501
Santiago – Chile
comercialedafchile@edafchile.cl
Teléf.: +56 9 4468 0539/+56 9 4468 0537

Octubre de 2023

ISBN: 978-84-414-4266-5
Depósito legal: M-27071-2023

PRINTED IN SPAIN   IMPRESO EN ESPAÑA

COFÁS

ÍNDICE

LIBRO SEGUNDO
La segunda generación

LIBRO TERCERO
CABALLEROS DE LAS ÓRDENES MILITARES ESPAÑOLAS DESCENDIENTES DE MATRIMONIOS MESTIZOS, CRIOLLOS O CASTIZOS

LIBRO CUARTO
Descendientes de Atahualpa
Descendientes de Moctezuma II tlatoani
y herederos de aquel mestizaje

PRÓLOGO

Ínclitas razas ubérrimas, sangre de Hispania fecunda,
espíritus fraternos, luminosas almas, ¡salve!

RUBÉN DARÍO

La Leyenda Negra es la mayor mentira de la Historia Universal. Nace de las calumnias levantadas y sostenidas por los enemigos de España cuando esta nación dominaba sobre una buena parte del territorio de la Europa del siglo XVI. A ella recurrieron quienes no podían derrotarla con la fuerza de las armas.

Lo que sorprende es que quinientos años después sus argumentos, que debían haber sido superados si mediara la buena fe, sigan siendo utilizados —por razón de ocultos motivos políticos— contra la nación que llevó a cabo la obra colonizadora más garantista para los habitantes de las nuevas tierras hasta entonces desconocidas. La Leyenda Negra está estrechamente relacionada con el mito del Buen Salvaje, cuyo nacimiento tuvo lugar en los primeros momentos del Descubrimiento.

La *Carta* de Cristóbal Colón anunciando el descubrimiento del Nuevo Mundo, que recoge el texto escrito por el nauta y dirigido a los Reyes Católicos, fechado en la mar a 15 de febrero de 1493, habla por vez primera de la naturaleza de la Indias y de las virtudes de sus habitantes. La primera imagen será idílica. Las nuevas tierras se presentan como un paraíso terrenal en el que libremente se mueven unos indígenas dotados de bondad natural, incapaces de hacer daño alguno a sus semejantes. Esta será la idea que se divulgue por toda Europa. La noticia del Descubrimiento tiene tan alto interés que, gracias a la reciente invención de la imprenta, la *Carta* de Colón conocerá dieciocho ediciones —en distintos países y lenguas— en tan solo cinco años.

La única excepción a tan apacible escenario —que ya presenta el almirante en su misiva a los reyes— es la existencia de los caribes, de cuya antropofagia ya había sido advertido por los pacíficos taínos de La Española. Era como un borrón en medio de una bella panorámica, al que nadie prestó atención hasta que, con ocasión del segundo viaje, los españoles desembarcados en Guadalupe encuentren en un poblado, abandonado apresuradamente ante su llegada, restos humanos dispuestos para ser comidos por los caribes. Cerca de ellos hallaron unos cercados en los que había un grupo de cautivos —que los españoles liberaron— a la espera de idéntico fin. Era la prueba de que no estaban en un paraíso.

Al margen de este episodio nacerá el mito del Buen Salvaje. Su gran propagador será fray Bartolomé de las Casas. Pese a ser el autor de la que pasa por ser la mejor crónica de los comienzos de la colonización española en el Nuevo Mundo —nos referimos a su *Historia de las Indias*—, debe su fama universal a un pequeño librito titulado *Brevísima Relación de la Destrucción de las Indias*, en el que el fraile presenta de manera continua y obsesiva datos y argumentos con los que llamar la atención del príncipe Felipe —próximo a subir al trono de España como Felipe II— acerca de la necesidad de proteger a los indígenas. En sus líneas, estos aparecen como buenos e incapaces de conductas maliciosas, frente a los españoles, que se aprovechan desconsideradamente de ellos, les dan trato vejatorio y les causan grave mortandad —intencionada, por supuesto— en medio de terribles sufrimientos. En su esfuerzo por liberarlos del trabajo, el fraile propone incluso la adopción de mano de obra esclava traída desde África, una medida que terminaría llevándose a cabo.

En ningún punto de su *Relación*, Las Casas informa al lector acerca de la intencionalidad de su obra ni del motivo de la inexactitud de los datos. Tampoco reconocerá que desde que ha asumido su función de defensor de los indios se ha despojado del hábito de la verosimilitud, que es la primera cualidad que debe adornar a todo historiador. En la búsqueda de su objetivo de velar por los indígenas, no dudará en inventar crueldades con las que los españoles supuestamente los agraviaban ni en multiplicar las cifras de los fallecidos como consecuencia. Por ello, podemos concluir que la *Brevísima Relación de la Destrucción de las Indias* no es una obra histórica, sino un opúsculo con fines propagandísticos, como hoy admiten los historiadores imparciales.

En buen sentido, su obra solamente debía tener como destinatarios al monarca y a sus consejeros en asuntos de las Indias, un grupo realmente reducido que debatía el tema. Con una docena de copias manuscritas hubiera bastado para que entre todos ellos tomaran las decisiones convenientes en defensa de los indígenas. El gran error de Bartolomé de las Casas fue darla a la imprenta en Sevilla en 1522, lo que le convierte en culpable de su difusión incontrolada entre todo tipo de lectores, incluyendo los residentes en otras naciones. Cierto es que el objetivo del fraile se cumplió, pues logró dar un gran impulso a las Nuevas Leyes de Indias, pero lo hizo al precio de sembrar una semilla que, al germinar, esparciría el odio a España por doquier.

La obra de fray Bartolomé será la fuente principal en la que beban los enemigos de la nación, y sus argumentos serán repetidos y ampliados, en sucesivas ediciones. La primera salió de las imprentas de Amberes en 1578, en lengua francesa, precisamente en plena rebelión de los Países Bajos contra la dominación española, en medio de la guerra religiosa nacida en el norte de Europa como consecuencia del movimiento protestante iniciado por Lutero, ante el cual el monarca español se había presentado como el defensor de la Iglesia de Roma. Algunas de las ediciones posteriores fueron acompañadas de ilustraciones —con los grabados del holandés Theodor de Bry— que recogían escenas de extrema crueldad. Incluso aparecen indios quemados en las hogueras, como las brujas en los países de Europa o los condenados a tal pena tras un proceso de la Inquisición, cuando el Santo Oficio no tuvo nunca jurisdicción sobre los indígenas del Nuevo Mundo. La obra de fray Bartolomé no fue el único soporte de la Leyenda Negra, que encontró otros apoyos en la *Apología* de Guillermo de Orange y las *Relaciones* de Antonio Pérez —el anterior secretario de Felipe II—.

No queremos decir con esto que la actitud de todos los colonizadores fuese correcta y no transgrediera las leyes, sino que desde lo que en realidad ocurrió hasta lo escrito por el fraile hay mucho trecho. Las denuncias de Las Casas recibieron una fuerte oposición por parte de algunos contemporáneos, como fray Toribio de Motolinía, quien criticaba su poco respeto a la verdad.

La defensa de los indios había sido una preocupación constante para la reina Isabel I de Castilla desde los primeros años del Descubrimiento, y en 1500 ya se había dictado una Real Provisión prohibiendo su esclavitud. La reina nunca se olvidaría de ellos, por lo que incluyó su defensa como un mandato a sus herederos en el testamento de 1504. Ocho años después, fallecida la soberana, se dictaron las leyes de Burgos de 1512, que ofrecían una normativa especial para la protección de los indígenas; se adelantaron a su tiempo sentando los principios de lo que se llamó Derecho Internacional.

La arribada de los españoles al Nuevo Mundo supuso un profundo cambio para sus habitantes. Varios imperios —inca, azteca y otros— fueron derribados, y esto es algo que el movimiento indigenista actual critica con dureza. Los mismos que silencian que los recién llegados ayudaron a muchos pueblos a sublevarse contra unos amos que los esclavizaban y les hacían llevar una existencia bajo el constante terror de ser exterminados. No olvidemos que los aztecas, por ejemplo, hacían frecuentes incursiones entre los pueblos vecinos sojuzgados para proveerse de prisioneros a los que sacrificar a un dios sanguinario —Quetzalcóatl, representado por una serpiente emplumada—. Después de abrirles el pecho con un cuchillo de obsidiana, y tras arrancarles el corazón en vivo, los prisioneros morían de manera brutal. Se estima que entre veinte mil y treinta mil nativos perdían su vida cada año en los altares situados en la cima de las altas pirámides aztecas de piedra, mientras su sangre se deslizaba por los peldaños abajo.

Fray Bernardino de Sahagún, en su *Historia General de las cosas de la Nueva España*, describió las ceremonias de los aztecas:

> Después de que las hubieran muerto y sacados los corazones, llevaban las pasito, rodando por las gradas abajo; llegadas abajo, cortaban las cabezas y espetaban las en un palo, y los cuerpos llevaban los a las casas que llaman capul, donde los repartían para comer.

Francisco López de Gómara escribió:

> Fuera del templo, y enfrente de la puerta principal, aunque a más de un tiro de piedra, estaba un osario de cabezas de hombres presos en guerra y sacrificados a cuchillo, el cual era a manera de teatro más largo que ancho, de cal y canto con sus gradas, en que estaban ingeridas entre piedra y piedra calaveras con los dientes hacia afuera.

Durante muchos años algunos personajes hispanoamericanos críticos con la conquista han dudado de la veracidad de estas palabras de los cronistas de la época que describen la atrocidad de los sacrificios y la existencia del canibalismo, hasta que, en 2017, arqueólogos mexicanos encontraron una parte de los muros y una torre construidas con cráneos humanos. Se sitúan en el lugar donde se hallaba el Templo Mayor de Tenochtitlán, coincidiendo con la localización que daba López de Gómara en su obra. Es la prueba de que los cronistas españoles no mentían.

¿Era ese el paraíso en el que habitaban los indígenas de México y que ha sido defendido por tantos intelectuales?

Si la Leyenda Negra fue utilizada en una guerra sucia de propaganda que llevaron a cabo las naciones sometidas al dominio español contra un enemigo invencible en los campos de batalla europeos, modernamente se pretende emplear en ciertos países de Hispanoamérica para culpar al Imperio español del fracaso social y económico de sus sociedades actuales. Es algo que no resulta posible, ya que dicho atraso ocurre en unas naciones que obtuvieron la independencia hace doscientos años y desde entonces son únicas responsables de su propio desarrollo social, económico y cultural.

Después de soportar en un silencio de varios siglos las calumnias de la Leyenda Negra, un español llamado Julián Juderías publicó en 1914 una obra titulada *La Leyenda Negra y la verdad histórica*, en la que denunciaba la gran mentira creada por la propaganda y expresaba la verdad de lo ocurrido. Dos años después, en 1916, el norteamericano Charles F. Lummis, estudioso de la labor de España en el continente americano, sacaba a la luz *Los exploradores españoles del siglo XVI*, texto en el que alababa el buen trato dado por los españoles a los indígenas, en contraste con el ofrecido por los colonos ingleses o el Gobierno de los Estados Unidos, con las siguientes palabras:

> La legislación española referente a los indios de todas partes era incomparablemente más extensa, más comprensiva, más sistemática y más humanitaria que la de la Gran Bretaña, la de las colonias y la de los Estados Unidos todas juntas.

Siguiendo sus pasos, su compatriota Lewis Hanke publicaría en 1974 *La Humanidad es una*, donde vuelve a retomar la idea del buen trato de los españoles hacia los indígenas.

Con ocasión de las conmemoraciones del Quinto Centenario del Descubrimiento de América surgieron movimientos indigenistas a lo largo del continente americano que denunciaban la labor de España y exigían una revisión de la Historia. El resultado de esos movimientos lo conocemos de primera mano, pues hemos asistido sorprendidos e indignados a los ataques por doquier contra estatuas y símbolos de la actuación de España en siglos pasados, acusándola de todos sus males, de haberles oprimido y quitado los metales de sus minas.

Contra estos ataques de los indigenistas, varios intelectuales españoles e hispanistas de diversas naciones tomaron sus plumas en defensa de la labor civilizadora de España en el Nuevo Mundo. Tempranamente, en 1991, apareció la obra titulada *La Leyenda Negra*, de Miguel Molina; en 2008 el norteamericano Philip W. Powell publicó *El árbol de odio*, donde compara las obras civilizadoras de España y los Estados Unidos, al tiempo que insiste en que gran parte de la conquista de inmensos territorios la hicieron los españoles gracias a su habilidad diplomática más que a la fuerza de sus armas.

Recientemente, el tema parece haberse puesto de moda, pues son numerosas y notables —por el prestigio de sus autores— las obras aparecidas a ambos lados del Atlántico. En 2014 Iván Vélez escribió *Sobre la Leyenda Negra*; al año siguiente apareció *España ante sus críticos: las claves de la Leyenda Negra*, de Yolanda Rodríguez Pérez, Antonio Sánchez Jiménez y Harm dem Boer; fue seguida en 2016 por el libro de la profesora española María Elvira Roca Barea titulado *Imperiofobia y Leyenda Negra*, donde analiza la existencia de elementos comunes a los imperios de Roma, Rusia, Estados Unidos y España, una obra que ha conocido un éxito editorial sin precedentes, alcanzando las veinticinco ediciones.

En 2017 el hispanista norteamericano Stanley G. Payne publicó *En defensa de España. Desmontando mitos y leyendas negras*; al año siguiente, el madrileño Alberto G. Ibáñez sacó a la luz *La Leyenda Negra: Historia del odio a España*, mientras Pedro Insúa publicaba *1492: España contra sus fantasmas*. Siguió, en 2019, *Contra la Leyenda Negra*, de Roberto Fernández Retamar. Entre tanto, el historiador sueco Sverker Arnoldsson dio a la imprenta en 2018 *Los orígenes de la leyenda negra española*. La última obra en aparecer ha sido *Madre Patria* (2021), del profesor argentino Marcelo Gullo Omodeo, en la que desmonta la Leyenda Negra y sus implicaciones, y que está teniendo muy buena acogida entre los lectores.

En este escenario propicio al revisionismo histórico, la historiadora Vicenta Márquez de la Plata, marquesa de Casa Real, plantea en estas páginas un tema que resulta sustancial para el desmontaje de la Leyenda Negra: el mestizaje. Su importancia radica en que la unión matrimonial implica asumir el hecho de la igualdad entre seres pertenecientes a dos culturas diferentes —la española y la indígena— y tiene una inspiración cristiana al igual que la tuvieron las leyes dictadas para la protección de los indios.

La trayectoria profesional como historiadora, le ha llevado a realizar incursiones en el estudio de la nobleza india y sus élites dirigentes. En 1992 participó como ponente en el I Simposio Internacional sobre España y América con la conferencia titulada «Los indios nobles en la sociedad virreinal». Para la preparación de este ensayo se ha basado en sus estudios previos sobre la época de los Reyes Católicos, acerca de los que ha publicado varias obras. Comprenden precisamente los primeros años del siglo xvi, en los que se trazan las líneas de la relación entre los españoles y los indígenas y el trato a estos, que va a ser tutelado desde la propia monarquía por medio de una legislación cada vez más completa, con el fin de proteger tanto sus personas como sus tierras y bienes.

Para mejor comprensión del nacimiento del mestizaje, hay que destacar el hecho de que en la temprana fecha de 1514 salió en España la primera ley autorizando el matrimonio entre españoles e indios, lo que contrasta con lo acontecido en los Estados Unidos, donde en 1967, finalmente, la Corte Suprema acabó declarando inconstitucionales las leyes en contra de los matrimonios mixtos interraciales —entre blancos e indios y entre blancos y negros— que entonces estaban vigentes en dieciséis de los cincuenta estados de la Unión. Pese a ello, algunos tardaron bastante tiempo en cambiar su legislación; el último en hacerlo fue Alabama, en el año 2000.

Otro ejemplo de sentimiento racista en las sociedades occidentales más avanzadas fue lo ocurrido en Alemania, donde, el 15 de septiembre de 1935, fue aprobada una ley que prohibía los matrimonios entre judíos y súbditos alemanes e incluso las relaciones extraconyugales entre ellos, bajo pena de prisión para los infractores.

La autora nos ofrece a lo largo de su obra repetidos ejemplos —con nombres y apellidos— de matrimonios entre la nobleza indígena y españoles de alto rango o miembros de la nobleza castellana, lo cual demuestra que, a los ojos del rey de España y de la sociedad española, aquella tuvo la misma consideración que los nobles castellanos. Por ello, no es ninguna sorpresa que los descendientes de Moctezuma, Huayna Cápac, Atahualpa y otros grandes caciques enraizaran con las más distinguidas y nobles casas españolas.

En conclusión, podemos afirmar que la autora hace una importante aportación a la lucha contra las calumnias vertidas contra España a través de la Leyenda Negra, al presentar el mestizaje como la prueba de ausencia de racismo entre estos españoles del siglo xv que llevaron la civilización occidental europea al Nuevo Mundo.

CRISTÓBAL COLÓN DE CARVAJAL, DUQUE DE VERAGUA
Académico correspondiente de la Real Academia de la Historia

A MODO DE INTRODUCCIÓN

De un tiempo a esta parte se ha vuelto a despertar la llamada Leyenda Negra, la cual solo y únicamente se refiere a España. No hay leyenda negra para las conquistas de los anglosajones, holandeses o de cualquier otro país o raza; la crueldad, avaricia, falta de misericordia, estulticia, ignorancia y demás perversiones solo las portaban aquellos dioses que nacieron en Extremadura, los odiosos y menguados españoles.

La Leyenda Negra involucra todas las categorías de la conquista: la convivencia, el aprovechamiento de los recursos de los conquistados, el cambio de religión, la llamada «aculturación», etc. Se habla de «encuentro» de dos civilizaciones, entre las gentes de Tenochtitlán, capital del Imperio azteca —para el caso, lo mismo da el «encuentro» con el Imperio inca—, que según todos los estudios fue fundada en diciembre de 1325 en un islote situado en el centro de una zona lacustre, con otras que, en pleno Renacimiento, procedían de ciudades fundadas por los fenicios ocho siglos antes del nacimiento de Jesucristo, veintiún siglos antes de que este Imperio azteca echase a andar. En todo caso, forzando el sentido se debería hablar más bien de encuentro entre dos culturas —cultura de la Edad de Piedra, cultura del periodo magdaleniense, etc.— y no entre dos civilizaciones, pues solo hubo una en Occidente, la judeogrecorromana.

Por entonces, a la llegada de las carabelas de Colón, en términos amplios, aztecas, toltecas, zacatecas, nómadas chichimecas, incas, cañaris, quitus, mapuches y cientos de otros grupos indígenas con sus costumbres y hablas propias poblaban la inmensidad del hermoso continente hoy llamado América.

No conocían la rueda, ni la escritura; sí el fuego, pero su estado de desarrollo aún no había alcanzado la Edad del Bronce. El ejército azteca estaba formado[1] por una

> pintoresca muchedumbre de guerreros para batalla con sus cuerpos desnudos y pintados (…) los caudillos con sus preciosos cascos, piedras preciosas, penachos de plumas largas y multicolores.

Pero más sorprendente era que ese imperio había sometido Mesoamérica con armas más propias del periodo neolítico: lanzas, flechas y cuchillos hechos de madera y una piedra volcánica, la obsidiana, muy abundante en la región. El oro era demasiado blando para la guerra, y las aleaciones de cobre y hierro estaban lejos, muy lejos, de ser descubiertas. Así se «encontraron» el Neolítico y el Renacimiento. Una cultura y una civilización.

Allende el mar las respectivas religiones de nuestros hermanos eran, por lo general, aterradoras, vengativas y sanguinarias. Se aceptaban y aprobaban como ofrendas a los dioses sacrificios humanos y hecatombes, tras ganar alguna guerra, y se sacrificaba a todos los supervivientes por millares. Además, algunas tribus eran aún antropófagas, sobre todo los aztecas, que aprovechaban la carne de los sacrificios para obtener proteínas. Poco antes de la llegada del hombre blanco a Tenochtitlán se celebró por todo lo alto la conclusión de la pirámide en honor a la Serpiente Emplumada y otros dioses, Huitzilopochtli y Tláloc, que por su poder bien lo merecían; con motivo de dicha conmemoración se extrajo el corazón —todavía latiendo— de ochenta mil personas mientras aún estaban vivas, y luego se repartió la carne. Fue una festividad inolvidable.

El mencionado monje de Sahagún[2] que describió el calendario de los sacrificios en función de lo requerido cada mes, se refiere así a esta cuestión:

> MES DÉCIMO TERCERO Y DÉCIMO CUARTO DEL CALENDARIO RELI-
> GIOSO SACRIFICIAL DE LOS PACÍFICOS PUEBLOS MEJICANOS …Luego
> que los habían muerto y sacándoles los corazones, llevábanlos «a pasi-

to» rodando por las gradas abajo. Llegados allí, cortábanles las cabezas
y espetábanlas en un palo, y los cuerpos los repartían para comer...

En otros lugares, algunas tribus de esas tierras tan queridas —hoy
pertenecientes al Ecuador— tenían costumbres extrañas, como elaborar *zamzas* con las cabezas de sus enemigos: tras cocer los cráneos
y reducirlos al tamaño de una manzana grande, componían hermosas
hileras de cabezas humanas que utilizaban para adornar sus casas. En
otras regiones mesoamericanas se limpiaban las calaveras y, ensartadas
en largos palos, se empleaban como ornamento para embellecer tem-
plos y plazas con su blancura.

Por otro lado, las tribus carecían de cabezas de ganado, lo cual
planteaba un problema a la hora de obtener proteínas; las procedentes
del *cuy*, una especie de conejo enano, el llamado «conejillo de Indias»,
no eran suficientes para cubrir las necesidades alimentarias, y la llama
y la vicuña, camélidos de tamaño mediano, solo se hallaban presentes
en algunas zonas de los Andes. Tampoco había cerdo, tan apreciado
hoy en día en todos los países sudamericanos; el cerdo —o puerco—
llegó en primer lugar a Santo Domingo, Puerto Rico, Cuba y Jamai-
ca, procedente de las islas Canarias, en el segundo viaje de Cristóbal
Colón (1493). Su introducción en Colombia, por Urabá y en particular
por la cuenca del Cauca, se produjo con la expedición inicial de Sebastián de Belalcázar, en 1536, según cuenta el historiador y botánico
V. M. Patiño.

Algo similar ocurrió con el ganado vacuno y caballar. Los primeros
traslados de vacunos hacia el Nuevo Mundo se realizan asimismo a
partir del segundo viaje de Cristóbal Colón (Cádiz, 25 de septiembre de 1493). Es fácil comprender que, por problemas de espacio, los
animales embarcados fueran pequeños becerros y terneras, también
acompañados por ovejas y algún cerdo. El destino del barco era la isla
de Santo Domingo, a la que Cristóbal Colón llamó La Española.

En el tercer viaje (30 de mayo de 1498), desde Sanlúcar de Barra-
meda se enviaron mayormente caballos, para las necesidades de la

conquista, y parejas de bovinos y de asnos a fin de promover la cría. En todo caso, la introducción del ganado vacuno en el mundo novohispano fue muy lenta y bastante difícil, debido a diversos factores, principalmente por la complicación que implicaba el cuidado y la nutrición de los becerros de corta edad durante el viaje y la casi imposibilidad de alimentar animales adultos, poco mansos, en aquellos barcos tan rudimentarios. Por estas circunstancias, las autoridades y/o el gobernador de La Española impidieron la salida de este tipo de ganado de la isla, más aún, permanentemente apremiaban a la Corona sobre el envío de constantes remesas de bovinos pequeños y caballos para la conquista, porque se preferían cerdos y ovejas por su mansedumbre y fácil embarque y transporte.

Tal vez por la escasez de proteínas, o tal vez por afición litúrgica, en todo caso sabemos que las tribus, o muchas de ellas, eran antropófagas y que los restos humanos de los sacrificados en fiestas y celebraciones, triunfos y ceremonias de todas clases —solsticios, sacrificios a alguna deidad, etc.— eran luego *despachados* a los asistentes en una especie de mercado. No era cuestión de desperdiciar una sabrosa fuente de proteínas, sobre todo teniendo en cuenta la mencionada carencia de animales que las proporcionaran —como queda dicho, el más pequeño y útil, el *cuy*, y el más grande, la llama o alpaca, que no se hallaba en todas partes—.

Estas tribus que, según las últimas teorías, fueron tan desgraciadamente aculturizadas por los conquistadores y misioneros, dejaron así de comerse a sus semejantes.

Mientras tanto, no habían tenido tiempo de descubrir ni la rueda ni la escritura. Al llegar el siglo xv —ya hacía dos siglos del nacimiento de Dante y uno del de Petrarca y Boccacio—, Jorge Manrique (c. 1440-1479) había escrito aquellos versos:

> …Nuestras vidas son los ríos
> que van a dar a la mar
> que es el morir;
> allí van los señoríos

derechos a se acabar
y consumir;
allí los ríos caudales,
allí los otros, medianos
y más chicos,
allegados son iguales
los que viven por sus manos
y los ricos...

No se puede pedir más realismo y más humildad en un poderoso rico-hombre. Todo un filósofo.

También hacía veinte siglos que unos hombres de un pequeño país hoy llamado Grecia denominaron Filosofía a sus disquisiciones sobre la esencia del ser y sus atributos. Pues bien, todavía en los siglos xv-xvi, en aquellas tierras lejanas allende los mares a las que le fue «arrancada su cultura propia», apenas había algunos indicios de que la escritura estuviese próxima.

Así, en el incario hallamos un sistema de cordeles de distintos colores con nudos llamados *quipus*, que interpretaban en exclusiva los *quipu-camayos*; se cree que estas ristras de nudos realizados a diferentes alturas no eran en modo alguno una forma de escritura, sino un método de contabilidad de impuestos. Lo cierto es que su significado no ha sido descifrado. Tampoco existían los números —guarismos— tal y como los entendemos hoy[3].

Se habla asimismo de la «escritura maya», una cultura ya fenecida cuando los españoles arribaron a esas tierras y que, por tanto, se habría librado de su extinción por parte de aquellos invasores; en efecto, para entonces los sabios mayas habían desaparecido. Hasta hoy no se ha descifrado por completo su protoescritura, un sistema silábico, y tan solo se han traducido algunos de sus «jeroglíficos», nombre recibido por su similitud con la escritura egipcia inscrita en cartuchos, a la que al menos superficialmente se parecería. Esta autora ha leído que los españoles «quemaron los libros indígenas —se supone que libros impresos— con sus historias» y también los de los de los mayas... Pero lo cierto es que antes de la llegada de los españoles no hubo libros escritos por los habitantes de aquellas tierras, no pudieron hacer tal los «aculturizadores», simplemente porque por entonces los nativos no tenían escritura. De hecho, inclusive en Europa apenas circulaban los libros impresos, y Gutenberg no había viajado a América.

Un corto inciso se hace necesario en este punto. Muchos se ha hablado y discutido sobre la aculturizacion de las comunidades indígenas, poco de la fluencia —¿puede llamarse «aculturización»?— de los españoles en contacto con pueblos extraños, con lenguas distintas, modos de guerrear muy otros, con palabras que designaban objetos, frutos y yerbas y que habían de usar si querían hacerse entender. Modos de sobrevivir en la selva y el altiplano, en el terrible calor de la selva húmeda y en los ventisqueros de los Andes. ¿Acaso los españoles no hubieron de aprender de sus hermanos indígenas muchas cosas? Este fenómeno hoy en día viene a llamarse «indianización», y designaría un proceso que se acentuó con la mezcla de razas, los matrimonios mixtos, de los que trataremos a lo largo de estos apuntes. Es de hacer notar que los españoles ya habían pasado por semejantes circunstancias al convivir con gente extraña durante setecientos años en la Península: los islámicos, de quienes también aceptaron muchas costumbres, medicinas y vocablos. Allende los mares también los españoles se «aculturizaron» o, si se quiere, se «indianizaron», y ello fue bueno[4].

Todos los pueblos antiguos tienen sus tradiciones épicas, no necesariamente de carácter religioso, las llamados canciones de gesta, el relato de heroicidades pasadas cantadas por juglares o poetas trashumantes, ya que la mayoría del pueblo llano no sabía leer ni escribir, y aunque dichos cantares florecieron en la Edad Media europea, la historia, los hechos que relatan se pierden en la noche de los tiempos. Tampoco nuestros hermanos de allende el océano tuvieron cantares de gesta, inclusive para ello era aún muy temprano.

Se conservan gramáticas y catecismos de los idiomas orales de las diferentes tribus de América, que fueron elaborados por los misioneros que vinieron con la cruz a derribar a los terribles dioses y a la exuberante Pacha Mama, madre próvida de la Tierra. La Madre Tierra ha sido en todos los pueblos una diosa primigenia. Datados en la Edad de Piedra más antigua, en el Paleolítico, se han hallado enormes monolitos en cuya superficie aparecen toscamente grabados dos grandes ojos; estas piedras se han tomado por representaciones de la diosa de la fertilidad o de la Madre Tierra.

También la Madre Tierra fue la más antigua de las diosas griegas, Gea. Gea es anterior a Eros y engendró a Urano, de donde nacieron los Titanes. Según cuenta Hesíodo en *Los Trabajos y los Días*, al principio, antes que nada, solo existía el Caos. Tras este periodo indeterminado, emergería Gea, la Tierra, directamente de las profundidades del Tártaro. Del Caos nacerían Erebo, la oscuridad, y Nix, la noche, que, juntos, engendrarían a Eter, la luz, y Hemera, el día. Toda una elaborada cosmogonía.

En América, Pachamama o Pacha Mama es la madre de Inti, el dios del Sol, y Mama Killa, la diosa de la Luna. Se dice que la Pachamama también es la esposa de Inti, su hijo. No hay más genealogías, aún no era llegado el tiempo de la descendencia divina y de una cosmogonía completa.

El «encuentro» de las dos «culturas», la de los españoles y sus hermanos de allende los mares, fue entre el hombre primitivo de la Edad de Piedra y Pericles, Platón, Eurípides, Dante, Safo, Esquilo, La Eneida, La Orestíada, la Biblia y un sinfín de obras históricas, religiosas, filosóficas y literarias.

Nuestros hermanos indígenas se «encontraron» con otra religión menos cruel, con sus oraciones compasivas y el perdón; esta nueva creencia, la católica, con sus faltas, que las tenía y las tiene, traída por los barbudos, no era obra de un día; había llegado a refinarse hasta deshacerse de sus viejos dioses vengativos —que los tuvo— con el paso de los siglos y aun de los milenios. Y no es que la religión católica en el siglo XVI no tuviera sus fallos, ¡cómo no!, pero hay una diferencia entre rezar a una virgen —la Virgen María— y ofrecer sacrificios humanos a Coatlicue, «la de la falda de serpientes», una de las diosas madre en la *cosmogonía* mexica. Dioses sedientos y nunca saciados de sangre. Dioses sin compasión, sin clemencia y sin misericordia. Dioses terribles que mostraban grandes ojos aterradores y colmillos que sobresalían de sus fauces.

Todos los pueblos con que se «encontraron» los españoles —fueran incas, mexicas o cualquier otro— eran para los recién llegados «hijos de Dios y herederos de su gloria», tal y como se decía entonces, seres todos hechos a semejanza del Creador, seres humanos todos nacidos de barro y salidos de manos de Dios, nacidos libres. Y como tales fueron reconocidos por los reyes de España y sus leyes desde el primer momento del «encuentro». Más aún, los españoles habían interrogado a sus conciencias acerca de la licitud de la conquista, lo cual dio lugar a una larga controversia al respecto y generó interrogantes sobre la legítima gobernación y conquista de las Indias por parte de España; frailes como Antonio de Montesinos, por ejemplo, creían que esta era injusta. Surge, así pues, algo muy curioso, un fenómeno que muestra el «quijotismo» de los españoles al tratar de legitimar esa acción, cosa que ninguna otra nación hizo en el futuro, que ahora ya es pasado, ni entonces ni nunca.

Los que habían traído un idioma común, una religión sin dioses sanguinarios y el saber de la Universidad Complutense y la de Salamanca, el Renacimiento y el latín, el hombre como la medida de todas las cosas, sin duda tenían algo más que ofrecer al hermano de allende los mares que este a los hermanos peninsulares, sin que ninguno fuese inferior en talentos y origen: de barro los formó Dios y todos eran sus hijos. Ninguno nacido esclavo según las Leyes de Indias y así ratificado en el testamento de Isabel la Católica.

Todos y cada uno de los imperios han tenido sus enemigos y detractores, todos han sido denostados, pero tanto como Imperio español, difícilmente. Ni el Imperio romano, ni el Sacro Imperio, ni el Imperio persa, ni el inglés ni ningún otro ha sido despedazado para calumniar cada fragmento. Tal y como un historiador de habla inglesa escribió en un libro sobre la historia de leyenda negra, libro que tituló el *El árbol de odio*[5], este sentimiento tiene raíces hondas, raíces que no son obvias a primera vista porque vienen de antiguo, y ramas, ramas frondosas que continúan creciendo.

Este libro nuestro tiene por objeto podar una de estas ramas que crece lozana al amparo de las novedosas tesis que defienden la supuesta misoginia racial contra las indígenas de las recién descubiertas tierras, mujeres de las que se dice que fueron despreciadas por los hombres barbudos, que las usaron y las violaron, criadas que eran obligadas a satisfacer a sus amos, y tantas otras cosas que, de ser ciertas, no serían más recordadas. Esa rama del *árbol del odio* es fronda surgida como un retoño novedoso bajo el nombre de «indigenismo».

Para empezar, nunca se creyó que hombres o mujeres fueran distintos en alma y cuerpo a los españoles recién llegados y, aunque se ha dicho, nunca se prohibió el matrimonio entre españoles e indígenas; al contrario, se vio siempre con buenos ojos tal mestizaje: no solamente era una acción natural, sino que los matrimonios mixtos fueron protegidos por la metrópoli, sobre todo en una segunda fase de la colonización, cuando ya se habían fundado ciudades, pues convenía que quedaran bien asentadas, para impedir que volviesen a ser parte de la selva, tras ataques de enemigos circundantes, y el método más seguro era poblarlas de familias que allí fijasen sus lares y cultivasen la tierra. Para ello había que atraer no solo regnícolas, sino también indígenas, pues no había tantas de las primeras para los hombres que iban llegando a la Nueva España, como soldados, administradores, oidores, etc. Los matrimonios mixtos eran garantía de convivencia y estabilidad en las nuevas ciudades. Su ejemplo convencería a otros para dejar las armas y establecerse pacíficamente en los nuevos pueblos y villas.

En los primeros momentos, a la llegada de los conquistadores se buscaron —o ellos mismos lo hicieron— enlaces con las hijas de los caciques y curacas, y para los hijos e hijas de los emperadores indígenas hubo uniones importantes, de modo que sus descendientes casaron con la alta nobleza, fueron agraciados con títulos del reino, hábitos de las Órdenes Militares y condecoraciones, las cuales solo se otorgaban a los «nobles por los cuatro costados»; los vástagos de la llamada «nobleza indígena» fueron aceptados como tales nobles con igual consideración que los hidalgos castellanos. Entre las primeras calidades exigidas por los caballeros de la Orden de Santiago estaba «ser hidalgo de sangre de padre y de madre y no de privilegio». Así, a los hijos de padre hidalgo y de madre plebeya, o de condición inferior, no les estaba asegurado el ingreso y se les exigía la limpieza de la sangre materna, pues por «herencia matrilineal» podían transmitirse también dignidades y títulos. No obstante, la nobleza de las hijas de emperadores, caciques o curacas[6] fue considerada de primera clase y sus hijos, habidos con noble indígena o español —hubo casos en que los hijos ilegítimos fueron legitimados para que pudieran ingresar en una orden militar— eran dignos de portar un hábito, fuese de Santiago, Alcántara u otro cualquiera[7].

Cabe mencionar dos ejemplos notorios de caballeros mestizos. En 1620 fue armado caballero de la Orden de Santiago Diego Cano Moctezuma, que era bisnieto del castellano don Juan Cano Saavedra, nacido en Cáceres, y de doña Isabel Moctezuma, hija del monarca mexica; Diego, como otros, era un vástago nacido del casamiento mixto entre un castellano y una hija de la nobleza indígena. Por su parte, Melchor Carlos Inga era nieto de don Cristóbal Paullo Topa Inga, hijo menor de Huayna Cápac, emperador inca, y la madre de don Melchor era una castellana de Trujillo. Él fue caballero de la Orden de Santiago en 1606, tal y como explicaremos más tarde. Y como este, otros muchos.

Desde el momento mismo del Descubrimiento la Corona reconoció la existencia de la nobleza indígena en los caciques indios y sus descendientes, así como la dignidad humana como hijos de Dios de todos los habitantes, nobles o no, de allende los mares, declarando a los indígenas libres, que no esclavos, e iguales en derechos y deberes a los hombres y mujeres de Castilla. Y es que aquellas tierras eran a todos los efectos parte de esa España, que no *colonias*, y sus habitantes fueron directamente vasallos de la Corona. Así como en la Península la gente, según las leyes y la costumbre, se casaba a su gusto, siendo considerada igual ante Dios, lo mismo regía para las Indias; para asegurar que esto se comprendía bien, y con el fin de regularizar tales uniones, si no lo estuvieran ya, Fernando el Católico aprobó en 1514 una Real Cédula que validaba cualquier matrimonio entre varones castellanos y mujeres indígenas. La ley de 1514 se convirtió en aval de una de las principales características de la experiencia colonial española: el mestizaje protegido por la Corona y sus leyes tanto para nobles como para el pueblo llano. En virtud de dicha norma, se reconocía de forma legal una realidad propia de la actividad española en ultramar, y cuyas consecuencias afectarían el entramado social de Sudamérica hasta nuestros días: el mestizaje.

Naturalmente, en un principio, cuando los españoles arribaron «al otro lado del mundo» había en tales tierras una total ausencia de mujeres españolas, por lo que contraer «matrimonio» o cualquier clase de unión que se pareciese a tal debía hacerse con indígenas necesariamente. Estas uniones informales escandalizaron a los misioneros, que pronto intentaron convertir y bautizar a los nativos a fin de casarlos por la Iglesia. El poder civil, por su parte, veía con buenos ojos los matrimonios, bendecidos o no, pues ello ayudaba a la paz social y al entendimiento entre ambos pueblos[8].

Por otra parte, la «nobleza indígena» fue reconocida en la Leyes de Indias y más tarde se insiste y se recoge en la Real Cédula de 12 de marzo de 1697. Allí se establece explícitamente que «a los señores caciques deben guardárseles en todos los aspectos y casos, las mismas exenciones y preeminencias que a los Hidalgos de Castilla», siendo por lo tanto su nobleza superior a la reconocida para descubridores y pobladores; esta nobleza se extendía tanto a varones como a señoras, pues en Castilla la hidalguía se transmitía por la sangre generosa de los progenitores a sus hijos e hijas. En caso de rango superior en que el noble cacique o curaca hubiese de heredar un reino, se prefería el varón a la hembra, el mayor al menor y, si no hubiese varones, la hija mayor heredaría el reino o territorio.

En España, las hidalgas conservarían su hidalguía si matrimoniaban con un hidalgo, en caso contrario tal condición quedaba en suspenso y sus hijos seguirían la del padre. La nobleza reconocida a los indígenas en nada se diferenciaba a la atribuida a los hidalgos a Fuero de España. Los hermanos y hermanas del cacique que no heredasen el reino o territorio eran nobles, y en España recibían la denominación de «indios principales».

Por Real Cédula de 1545 el emperador Carlos V reconoció a los caciques una nobleza superior a la de los grandes de España, los tuvo por «hermanos» y «hermanas», dándoles el tratamiento de «alteza», y les concedió el Toisón de Oro a perpetuidad y el derecho a permanecer cubiertos en su presencia; asimismo, se les autorizaba a presidir todos los tribunales, concejos y cabildos. Podían mantener una corte y tener consejeros, e inclusive, según sus propias costumbres, a los altos indios se les consentía la tenencia de esclavos para su servicio, cosa que no estaba permitida a los peninsulares, al menos en teoría, y si alguno lo hacía contravenía la ley; más aún, si en el futuro hubiese de ser sometido a un juicio de residencia, tal conducta podía costarle cara.

A los alcaldes indios se les autorizó desde 1655 a ejercer en sus grados inferiores jurisdicción civil o criminal dentro del territorio que administraban, y ello no solo sobre sus indios, sino también sobre cualquiera, «fuese esta persona blanca, india o negra».

Para sustentar con hechos el aprecio de la Corona por sus vasallos de allende los mares relataremos la historia de varios matrimonio o uniones entre descubridores e indias, algunos más felices que otros pero todos sin desprecio a las mujeres cobrizas.

Por último, hacemos notar que, si no hubo matrimonio bendecido por un sacerdote, la unión fue a ojos de la Iglesia ilegítima, pero los padres casi siempre reconocieron a sus hijos y les transmitieron así su nobleza, algunos inclusive se preocuparon de legitimarlos ante el papa y el emperador. Muchos indios poderosos casaron a sus hijas de buena gana con los blancos —inclusive para sellar paces o alianzas—, pero bastó con que casaran por el rito indígena, mejor que ante un cura con ritos que no entendían y que no consideraban dignos de su alcurnia u otorgadores de la condición de verdadero matrimonio. Enseguida los estudiaremos en numerosos ejemplos que ponen de manifiesto cómo blancos y cobrizos se mezclaron para dar lugar a una raza universal, una raza cósmica.

NOTAS

1   Fray Bernardino de Sahagún, *Historia General de las cosas de Nueva España.*

2   *Ibid.*

3   Esos cordones con nudos, los *quipus*, recurrían a combinaciones de nudos y colores para representar números y servían para llevar inventarios de maíz, frijol y otras provisiones. Sabine Hyland, profesora de Antropología en la Universidad de Saint Andrews, Escocia, y exploradora de *National Geographic*, y otros estudiosos sostienen que los cordones tienen un total de catorce colores que permiten formar noventa y cinco patrones de cordones singulares. Esa cifra cae dentro del rango de símbolos de los sistemas de escritura logosilábicos, aunque nada de esto se ha podido probar.

4   Para saber más sobre el asunto de la «indianización», véase el escrito de Gabriela Rivera Acosta, *La indianizacion de los conquistadores*, México, o consúltese la página: http://www.noticonqista.unam.mx/amoxtli/1386 (visitada el 22 de noviembre de 2022).

5   Philip Powell, catedrático de Historia de España en la Universidad de California, *El árbol del odio. La Leyenda Negra y sus consecuencias en las relaciones entre Estados Unidos y el mundo hispánico*, Ediciones Iris de Paz, Madrid, 2008.

6   El curaca era el gobernador de un ayllu, una comunidad de personas con un vínculo ascendente común.

7   En su estudio *Los americanos en las Órdenes Nobiliarias*, Guillermo Lohmann Villena, peruano él, menciona la concesión de títulos nobiliarios a las familias descendientes de los nobles incas y aztecas. Apunta asimismo que tales caballeros de las Órdenes Militares, cruzados como tales en España, no eran indígenas de los cuatro costados como sucediera en la América portuguesa, sino vástagos originados en los casamientos mixtos entre los conquistadores castellanos y la nobleza indígena.

8   Según el historiador británico Hugh Thomas, el repartimiento de 1514 organizado por Rodrigo de Alburquerque sugería que la mitad de los colonos castellanos de La Española estaban formalmente casados con mujeres indígenas. Las mujeres, inclusive las mancebas, nunca fueron esclavas, eran mujeres libres como en Castilla y las amparaban las mismas leyes.

LIBRO PRIMERO

Los matrimonios

4 DE ENERO DE 1514

El rey Fernando el Católico autoriza mediante Real Cédula el matrimonio de españoles con indias. Con ello trata de dar un carácter igualitario a sus conquistas, a pesar de ello en un primer momento habrá escasos matrimonios mixtos o con españolas de la Península, los hombres, conquistadores y descubridores, que pasan a ultramar no hallan mujeres. Las indígenas y sus padres —con razón— se sienten recelosos e intimidados y así nada proclives a unirse con ellos (véase el *Catálogo de Pasajeros a Indias*, Archivo General de Indias, Sevilla), casi no hay mujeres españolas en el muy completo censo, los que llegaron a la otra orilla necesariamente habían de casar con indígenas. En principio había, no obstante, pocos hombres para todo un continente lleno de mujeres nativas.

La reina Isabel, próxima a morir, ordenaba ya en 1503 al gobernador Nicolás Ovando propiciar los matrimonios mixtos «que son legítimos y recomendables porque los indios son vasallos libres de la Corona española». Como consecuencia directa de estos matrimonios mixtos los cargos en la administración indiana debían tener preferencia para los criollos, hijos de españoles e indígenas[1].

Dice la buena reina:

> Es nuestra voluntad que los indios e indias tengan, como deben, entera libertad para casarse con quien quisieren, así con indios como con naturales de nuestros reinos, (…) o españoles nacidos en las Indias

y en esto no se les ponga impedimento. Y mandamos que ninguna orden nuestra que se hubiere dado o por Nos fuera dada pueda impedir ni impida el matrimonio entre los indios e indias con españoles o españolas, y que todos tengan entera libertad de casarse con quien quisieren, y nuestras audiencias procuren que así se guarde y cumpla.

Recogida en la Recopilación de Leyes de las Indias de 1680,
Ley 2.º Tit. 1.º Libro VI.
En 1556 Felipe II reiteró esta Real Cédula de su abuelo,
don Fernando de Aragón, de 1513.

En buena verdad, la adopción jurídica de ese principio proviene de una circunstancia no siempre planteada por la historiografía: en el momento de la conquista del Nuevo Mundo fueron los españoles que, utilizando una terminología europea, identificaron a las élites prehispánicas, bien con la realeza, o bien con la nobleza europea. Esos eran los referentes, ese fue el método usado para caracterizar e identificar la cumbre de la sociedad indiana. El pensamiento dominante suponía que la jerarquización y la estratificación entre nobles y gentes comunes correspondía a un ordenamiento natural.

D. Garret
Sombras del imperio: la nobleza indígena del Cuzco, 1750–1825,
Lima, Instituto de Estudios Peruanos, 2009, p. 64

Notas

[1] Para más información, consultar la obra de Guillermo Lohmann Villena, *Los americanos en las Órdenes Nobiliarias*.

Matrimonio de doña María Luisa Xicohténcatl (1501-1537), nacida como Tecuelhuetzin Xicohténcatl, con Pedro de Alvarado (c.1485-1541), adelantado, gobernador y capitán general del Reino de Guatemala, caballero de la Orden de Santiago

En su camino hacia Tenochtitlán, Hernán Cortés solicitó a los tlaxcaltecas permiso para atravesar su territorio. Para pedir esta aprobación envió, a modo de embajadores, a cuatro principales zempoaltecas, pero el joven guerrero, hijo del jefe de los dueños de la región, Xicohténcatl Axayacatzi, se opuso a dejar pasar a los extranjeros y decidió enfrentarse a ellos. Tres veces batalló Xicohténcatl contra los españoles, tanto de día como de noche, pues creyó que el sol mismo ayudaba a los rubios, sin lograr una victoria; vistos los resultados de sus ataques, los indígenas optaron por ofrecer la paz a Cortés, y el «consejo» del lugar ordenó a Xicohténcatl suspender las hostilidades.

La paz se hizo en Tecohuactzinco el 17 de septiembre de 1519, concertada en términos de una alianza amistosa entre dos naciones[1].

Era nuestra protagonista, la joven Tecuelhuetzin Xicohténcatl, hija del cacique de Tlaxcala —parte de la antigua Guatemala—, a quien llamaban Xicohténcatl el Viejo, hermana de Xicohténcatl el Joven; en virtud de las Leyes de Indias la joven Tecuelhuetzin, por ser hija de cacique, tenía de antemano reconocida su nobleza como de Castilla. Según las mencionadas Leyes de Indias —nos atenemos al estudio que hizo doña Josefina Muriel sobre las indígenas cacicas de Corpus Christi—, en la cuestión de los cacicazgos se ordenó

> que ellas pudiesen ser cacicas por herencia, si eran las parientes más próximas, teniendo en este caso preferencia al varón. Hubo incluso reales cédulas dictadas con el fin de proteger las herencias que les correspondían a indias mestizas. La actitud protectora hacia las

mujeres indígenas propició el reconocimiento de sus derechos a los cacicazgos con todos sus títulos y privilegios; así, durante el virreinato fueron cacicas con iguales prerrogativas que los varones [...]

e igualmente nobles que los varones caciques, añadimos nosotros.

Era esta señora doña Tecuelhuetzin Xicohténcatl hermana del guerrero Xicohténcatl, al que, ya sabemos, se le dio el apelativo añadido de el Joven para distinguirlo del progenitor, el jefe o cacique llamado Xicohténcatl el Viejo. Tras hacer la paz, el guerrero que había combatido a los españoles se tornó en uno de los capitanes indígenas aliado de Cortés y enemigo de los mexicas.

Determinados a hacer la paz y aun a «hermanarse», lo primero entonces era buscar las alianzas matrimoniales; había princesas entre la familia de Xicohténcatl y había de escogerse una para esposa y signo de paz entre los indígenas y los recién llegados. Entre las indias nobles se optó por Tecuelhuetzin, bautizada luego como María Luisa Xicohténcatl. A esta princesa se le buscó un marido entre los conquistadores a fin de atar aquellos lazos entre los pueblos y proceder a un mestizaje que facilitara el entendimiento y las alianzas entre unos y otros. Así, aunque era aún muy joven, la casaron (1519) para consolidar la alianza entre los tlaxcaltecas y los españoles, que se unirían para luchar contra el reino mexica. Ofrecida primero a Cortés, este objetó que ya estaba casado, y la noble indígena terminó como esposa de un hidalgo español: el marido elegido para la hija del cacique no era cualquier hijodalgo, era Pedro de Alvarado.

Pedro de Alvarado nació en Badajoz (c. 1485), en el seno de una familia perteneciente a la antigua nobleza de armas castellana. Era su padre don Pedro Gómez de Alvarado y Messía de Sandoval, general de la frontera con Portugal, maestresala del rey Enrique IV, alcalde de Montánchez, Caballero Trece de la Orden de Santiago y su comendador en Lobón, Puebla, Montijo y Cubillana. Su madre, doña Leonor de Contreras Carvajal, era hija a su vez de don Gonzalo de Contreras Carvajal y de doña Isabel de Trejo y Ulloa (hija de los VII señores de Grimaldo, Almograque y La Corchuera).

Como hecho curioso, añadiremos que el hermano de Pedro de Alvarado, Jorge, tomó por esposa a una hermana de Tecuelhuetzin, resultando dos hermanos casados con dos hermanas.

En 1512, con 27 años, nuestro don Pedro desembarcó en La Española, junto a sus hermanos Gonzalo, Jorge, Gómez, Hernando y Juan, los cuales llegaron a la isla como parte del séquito del virrey Diego Colón, hijo primogénito de Cristóbal Colón. Para no alargar la historia, diremos solamente que varios hermanos Alvarado se unieron a Cortés en el puerto de la Trinidad, cuando iniciaba su viaje. Pedro, el primer capitán de Hernán Cortés durante la conquista de México, participó en la batalla sostenida contra los tlaxcaltecas dirigidos principalmente por el ya mencionado Xicohténcatl el Joven.

Una vez que los conquistadores españoles vencieron y pactaron una nueva alianza con los tlaxcaltecas, fue entonces cuando, como ya hemos descrito, en muestra de paz les regalaron mujeres a los principales capitanes, y ya sabemos que una de ellas fue Tecuelhuetzin, la propia hija del cacique Xicohténcatl. A fin de matrimoniar con ella por el rito que Alvarado consideraba legal, el prometido pretendió casarse por la Iglesia y, para ello, a la señora indígena se la bautizó; fue entonces cuando la *munay ñusta* ('princesa hermosa') Tecuelhuetzin pasó a ser María Luisa. No obstante, la novia prefirió el rito indígena, el que ella y los suyos conocían.

Otras señoras indígenas de familias principales también contrajeron matrimonio con algunos españoles. Todas ellas fueron bautizadas y recibieron un nombre del santoral.

Díaz de Castillo, en el capítulo XXXIII de su ya mencionada *Historia Verdadera* —que no fue publicada hasta 1632—, lo relata así:

> se bautizaron aquellas cacicas, y se puso nombre a la hija de Xicotenga el ciego, doña Luisa; y Cortés la tomó por la mano y se la dió a Pedro de Alvarado; y dijo al Xicotenga que aquel a quien la daba era su hermano y su capitán, y que lo hubiese por bien, porque sería de él muy bien tratada; y Xicotenga recibió contentamiento de ello.

Volviendo a nuestra doña Tecuelhuetzin —o María Luisa—, se da el caso curioso de que aun siendo la novia bautizada, y nominalmente cristiana, la boda con Pedro de Alvarado se organizó finalmente, como queda dicho, según ritos y costumbre indígenas. No sabemos si se hizo para complacer a la esposa y a su padre el cacique, para el cual el casamiento de acuerdo con los usos y ceremonias locales cumplía todos sus requisitos, o bien el extremeño consideraba que, sin casarse por la Iglesia, podría repudiar a la esposa más adelante cuando ya no le fuera útil. Como quiera que fuese, con Alvarado doña María Luisa tuvo un hijo llamado don Pedro, que nació en Tutepeque, y una hija llamada Leonor Alvarado Xicohténcatl, nacida en Utatlán. Se piensa que pudo haber un tercer hijo, llamado Diego o Francisco, mas esto aún no se ha probado.

No sabemos si el matrimonio fue feliz, aunque la esposa literalmente «adoraba» al esposo, pues este era rubio, y entre los indígenas se creía que ese color tenía alguna relación con el dios sol; de hecho, los indios llamaban a Alvarado Tonatiuh ('el Sol' o 'hijo del Sol'); inclusive la madre reverenciaba a los hijos habidos con don Pedro, ya que también eran rubios y así, a través de ellos, la mujer participaba de la «divinidad solar» de su marido.

Como una esposa fiel, Tecuelhuetzin acompañó a Pedro de Alvarado en sus campañas, y en una ocasión llegó a salvar su vida al advertirle de una confabulación contra él por parte de algunos tlaxcaltecas, cuyo fin último era liberar a Moctezuma cuando este estuvo prisionero de los conquistadores.

Tecuelhuetzin siempre consideró a Pedro de Alvarado su esposo, lo siguió en todas sus andanzas y expediciones, dando por buenas sus órdenes, y lo atendió con fidelidad. Testigo de muchas de las peripecias de su inmediato señor, Hernán Cortés, fue espectadora de la Noche Triste, entró con los conquistadores en Tenochtitlán y estuvo presente en la batalla de Otumba. Por encargo de Cortés partiría Alvarado a explorar las tierras de sur (1523) —hoy Guatemala—, y con él iba su inseparable doña Luisa, con quien inició la conquista de Guatemala y El Salvador.

En 1526 Pedro de Alvarado viajó solo a España y fue entonces cuando Carlos V lo nombró gobernador general y adelantado de Guatemala. A pesar de la larga convivencia con doña Luisa, y de que ya habían nacido sus hijos en el Nuevo Mundo, el conquistador contrajo lo que creyó un ventajoso matrimonio —y esta vez lo hizo por la Iglesia— con doña Francisca de la Cueva (1527), pero la nueva esposa falleció enseguida y Alvarado, ya viudo, retomó su relación con doña Luisa mientras estuvo en Guatemala; luego se la llevó al Perú con sus hijos en 1534. La fiel Tecuelhuetzin murió, católica y bautizada, en 1537, celebró su funeral el obispo de Guatemala[2]. En realidad, la verdadera y amada esposa fue la ñusta, la Princesa Hermosa. La Iglesia fue ingrata con ella, pues, aunque según sus principios no fuera mujer legítima de don Pedro, siempre fue tenida por una gran dama por su noble origen tlaxcalteca. Está enterrada en la catedral de Antigua Guatemala. Su hijo Pedro murió en Jalisco y Diego o Francisco en el Perú.

BIBLIOGRAFÍA

DÍAZ DEL CASTILLO, Bernal: *Historia Verdadera de la Conquista de la Nueva España*, 2.º tomo, Madrid, 1984, pp. 447-448.
GÓRRIZ DE MORALES, Natalia: *Luisa Xicohténcatl, princesa de Tlaxcala*, Tipografía El Liberal Progresista, Guatemala, 1943.
MATHEW, Laura: *Indian Conquistadors: Indigenous Allies in the Conquest of Mesoamerica*, Norman, University of Oklahoma Press, 2007.
MEADE DE ANGULO, Mercedes: *Doña Luisa Teohquilhuastzin, mujer del capitán Pedro de Alvarado*, V Centenario, Comisión del Gobierno del Estado de Puebla, 1992.
MUÑOZ CAMARGO, Diego: *Historia de Tlaxcala*, Madrid, 1986, pp. 197-198.

NOTAS

[1] El cronista Bernal Díaz del Castillo lo relata así, en boca de Xicohténcatl y los suyos: «... lo que me parece es, que procuremos de tener amistad con ellos, y si no fueran hombres, sino teules, de una manera y de otra les hagamos buena compañía, y luego vayan cuatro nuestros principales y les lleven muy bien de comer, y mostrémosles amor y paz, porque nos ayuden y defiendan de nuestros enemigos, y traigámoslos aquí luego con nosotros, y démosles mujeres para que de su generación tengamos parientes, pues según dicen los embajadores que nos envían a

tratar las paces, que traen mujeres entre ellos». Y como oyeron este razonamien-
to, a todos los caciques les pareció bien, y dijeron que era cosa acertada, y que
luego vayan a entender en las paces, y que se le envíe a hacer saber a su capitán
Xicotenga y a los demás capitanes que consigo tiene, para que luego vengan
sin dar más guerras, y les digan que ya tenemos hechas paces; y enviaron luego
mensajeros sobre ello; y el capitán Xicotenga "el mozo" no los quiso escuchar a
los cuatro principales, y mostró tener enojo, y los trató mal de palabra, y que no
estaba por las paces; y dijo que ya habían muerto muchos teules y la yegua, y que
él quería dar otra noche sobre nosotros y acabarnos de vencer y matar; la cual
respuesta, desque la oyó su padre Xicotenga "el viejo" y Mase-Escaci y los demás
caciques, se enojaron de manera, que luego enviaron a mandar a los capitanes y
a todo su ejército que no fuesen con el Xicotenga a nos dar guerra, ni en tal caso
le obedeciesen en cosa que les mandase si no fuese para hacer paces».

2   Al haber rechazado doña Luisa el matrimonio católico, la Iglesia no reconoció
el rito indígena como propio connubio. El casamiento sería anulado, lo cual
produjo la condición de ilegitimidad de su única descendencia. Siendo esta unión
(ilegítima) la única que daría hijos a Pedro de Alvarado, no obstante estos hijos
por su origen ilegítimo fueron no aptos para suceder a su padre en los honores
que recibió —como en el adelantamiento—. Sin embargo, heredaron sus bienes y contrajeron importantes matrimonios en su época: Pedro de Alvarado y
Xicohténcatl, que casó por segunda vez con su pariente Francisca de la Cueva,
dama de la emperatriz Isabel de Portugal, un matrimonio que fue efímero, pues
quedó viudo al poco, y Leonor de Alvarado y Xicohténcatl (1524), que caso en
un primer matrimonio con el capitán Pedro Portocarrero, lugarteniente en la conquista de Guatemala (sin descendencia), y en segundas nupcias con el licenciado
Francisco de la Cueva y Villacreces, teniente de gobernador y capitán general
de Guatemala, caballero y comendador en la Orden de Santiago —primo de
las dos siguientes esposas de Pedro de Alvarado—, con quien tuvo una amplia
descendencia.

Matrimonio de Jorge de Alvarado Contreras (1480-1542) y la noble Lucía Xicohténcatl (1505-1527), princesa de Tlaxcala. Historia de una ilegitimidad decidida por la Iglesia

Jorge de Alvarado y Contreras era hijo de Gómez de Alvarado y Messía de Sandoval, general de la frontera de Portugal, maestresala del rey Enrique IV, caballero y comendador de Lobón en la Orden de Santiago, y de su esposa Leonor de Contreras Carvajal, nieta de los VII señores de Grimaldo. Sin continuar con su genealogía ya vemos que eran de linaje ilustre.

Jorge pasó a ultramar, al igual que su hermano Pedro, en 1512; tomando como fecha de su nacimiento el año 1480, según se deduce de diversos documentos en que se le menciona parcialmente, tenía 32 años —ni la fecha de nacimiento ni la de su muerte son seguras—, edad de oro para un guerrero. Tal y como ya dijimos al referirnos a Pedro de Alvarado, juntos viajaron los hermanos, Pedro, Gonzalo, Jorge, Hernando y Juan, todos jóvenes nobles ambiciosos y valientes. El mero hecho de ser parte del acompañamiento como hombres de confianza y alcurnia de Diego de Colón II, virrey de las Indias y almirante de la Mar Océana, muestra en cuánto aprecio les tenía don Diego.

Llegado el viaje a término, ya en la isla de Trinidad, algunos de los hermanos se unieron a los hombres de Cortés, entre ellos, Jorge.

Si bien tenemos bastantes datos de Pedro de Alvarado, no sucede así con Jorge, pues, al haber estado casi todo el tiempo a la sombra de su hermano, las noticias de sus respectivas vivencias se entremezclan.

Ya explicamos cómo Pedro contrajo matrimonio con la hija de su antiguo enemigo, el huey tlatoani[1] Xicohténcatl el Viejo, padre de la joven Tecuelhuetzin Xicohténcatl, que con el bautismo adoptó el nombre de Luisa. La otra hermana, bautizada como Lucía, casó en 1520 con Jorge Alvarado, dobles bodas que vinculaban dos pueblos con lazos de sangre y darían descendencia a ambas orillas de océano, mestizos de una nueva raza.

Es curioso que ambas jóvenes, e inclusive el padre, se hicieran bautizar y adoptaran nombres del santoral católico, y sin embargo, a la hora de casarse, rechazaran hacerlo por la Iglesia y prefirieran el rito indígena —cholulteca— para la ocasión. Bajo ese rito se sentían «verdaderamente» casadas con sus esposos blancos; el padre de las jóvenes también manifestó sus preferencias por aquella ceremonia ancestral que le era conocida y que a su entender convertía a sus hijas en esposas de aquellos extranjeros.

Como quiera que fuese, los españoles asumieron esos modos y casaron por aquel rito, aceptando a las jóvenes como sus mujeres auténticas, y como tal las trataron y con ellas convivieron «haciendo vida maridable», como se decía en aquellos tiempos.

Este asunto del rito mostró su verdadera importancia años después, cuando, hacia el final de sus vidas, la Iglesia no aceptó esta unión como matrimonio válido, sino como *contubernio*, por lo que los hijos no fueron aceptados como legítimos. Bajo esta circunstancia, las hijas, en este caso, si bien podían heredar los bienes de su padre, no así sus honores, premios o condecoraciones debida a sus actos heroicos o por fidelidad a la Corona, como ha sido mencionado.

Habiendo contraído matrimonio en 1520, Lucía falleció en 1527, por lo que su vida de casada fue corta y creemos que feliz, dado que no hemos hallado datos en contrario, ni siquiera rumores.

Como queda dicho, en ese tiempo tuvo dos hijas, ahora ilegítimas: Francisca de Alvarado y Xicohténcatl y otra cuyo nombre no hemos podido averiguar, pues los que hablan de ella la llaman N.

Poco pudo disfrutar Lucía de los honores de su esposo, aunque muy a menudo Jorge acompañó a Pedro, el más famoso de los dos, y es cierto que tomó parte en los hechos de su célebre hermano. En 1524, ya casado con Lucía, Jorge acudió con Pedro a la conquista de la tierra que hoy se denomina Guatemala y, tras lograr su objetivo, conjuntamente fundaron la ciudad de Santiago de los Caballeros de Guatemala, el 27 de julio de 1524.

Sucedió por entonces que llegó desde la Península una carta de recomendación a favor de un caballero de nombre Cristóbal de la Cueva y Villavicencio, y por complacer dicha petición Jorge nombró regidor de la recién fundada villa a este sujeto, el cual a la postre demostró ser una mala persona, cruel y ambicioso. Conocido su comportamiento, pronto se le abrió un expediente por abuso contra los indígenas, al recogerse pruebas que demostraban que tomaba a estas personas como esclavos, cosa absolutamente prohibida por la Corona. Siempre que la Corona tuvo noticias y conocimientos de tal desafuero de sus súbditos regnícolas, procuró reprimirlo castigando con severidad y ejemplaridad a los que solo pretendían un régimen de esclavitud o explotación de los nativos en contra de las leyes; a estos ambiciosos se les pedía responsabilidad criminal, aunque los sujetos fuesen nobles, ricos o poderosos, inclusive a los mismos virreyes.

En 1527, año supuestamente del fallecimiento de su esposa, Jorge se encargó temporalmente de la gobernación de Guatemala, con el cargo de teniente de gobernador. Quizás ya ha había muerto doña Lucía cuando, tras un levantamiento de los guerreros cakchiqueles que hostigaban la villa, Jorge decidió trasladarla a un lugar más seguro o al menos más fácil de defender; así que con esta intención reubicó Santiago de los Caballeros en el valle de Amolonga. Como la fecha exacta de la muerte de doña Lucía nos es desconocida, no sabemos si ella llegó a ver este cambio o no. En todo caso, fue una esposa al menos respetada y según todos los indicios, amada. Jorge de Alvarado la hizo bautizar, cosa que ella aceptó de buen gana, con la idea de santificar el matrimonio, pero la joven no estaba preparada y ya sabemos que prefirió el rito cholulteca al de la Iglesia católica.

Tras un segundo casamiento, escarmentado con la ilegitimidad de sus hijas, Jorge Alvarado casó por la Iglesia, en previsión de que sus nuevos descendientes, si los hubiera, fueran legítimos y por eso pudieran heredar dinero, propiedades y honores.

Más tarde, a la muerte de sus respectivos padres, entre los descendientes de ambos hermanos, Pedro y Jorge, se suscitaron pleitos; los vástagos del segundo reclamaban como propia la herencia del primero, pero dejemos este enredo sin resolver, que no tiene nada que ver con el aceptado mestizaje de los primos, que es de lo que trata el libro.

Así pues, muerta su primera esposa, el viudo Jorge Alvarado muy pronto halló otra compañera; en 1526 se casó en segundas nupcias con Luisa de Estrada y Gutiérrez de la Caballería, natural de Ciudad Real e hija del gobernador de la Nueva España, Alonso de Estrada. De retorno a la Península, Jorge falleció en Madrid, aunque hay dudas de la fecha exacta: sería entre 1540 y 1542.

BIBLIOGRAFÍA

GONZÁLEZ OCHOA, J. M.ª: *Quién es Quién en la América del Descubrimiento*, Editorial Acento, Madrid, 2003.

MÓBIL, J., y DÉLEON, A.: *Guatemala: su pueblo y su historia*, Editorial Serviprensa S.A., Ciudad de Guatemala, 1995.

THOMAS, H.: *Quién es Quién de los Conquistadores*, Salvat Editores, Barcelona, 2001.

ROJAS LIMA, Flavio: *Diccionario Histórico Biográfico de Guatemala*, Asociación de Amigos del País, Fundación para la Cultura y el Desarrollo, Ciudad de Guatemala, 2004.

NOTAS

[1] Huēyi Tlahtoāni es una expresión náhuatl usada para denominar a los gobernantes de la alianza México-Tenochtitlán, Texcoco y Tlacopan, quienes ejercían su poder sobre el valle de México.

Matrimonio de doña Marina (Mallinali), más conocida como la Malinche (1505-1551). Traductora, amante de Hernán Cortés (1485-1547) y primera madre de una nueva raza. Casó en 1527 con Juan Jaramillo (¿?-1551)

Pocas mujeres habrá sobre las que se haya escrito y discutido tanto. Ensalzada y denostada y con idéntico ardor, durante años sus partidarios y detractores no han llegado a ningún acuerdo: para unos fue traidora a su pueblo por colaborar y contribuir a la acción de la conquista por parte del enemigo «chapetón», mientras otros la consideraron una mujer inteligente y la madre de la nueva raza mestiza que cantó Rubén Darío:

> …Únanse, brillen, secúndense tantos vigores dispersos;
> formen todos un solo haz de energía ecuménica
> Sangre de Hispania fecunda, sólidas, ínclitas razas,…

Han trascurrido más de quinientos años desde aquellos sucesos sorprendentes que cambiaron la faz de la Tierra y aún sigue la controversia. En la conmemoración de ese medio milenio, en México, la Comisión Permanente hizo un pronunciamiento público en un intento de borrar el estigma histórico del pueblo de Tlaxcala, y a tal fin publicó lo siguiente en el diario *El Universal*:

> La Malinche, mujer indígena denostada por 500 años por haber sido esclava, traductora, consejera y pareja del conquistador Hernán Cortés, busca ser revindicada por el Congreso Mexicano, ello mediante una serie de acciones y pronunciamientos contra la estigmatización histórica hacia los tlaxcaltecas y la solicitud de erigir un monumento en la Ciudad de México para este personaje también conocido como Mallinali, Malintzin o doña Marina.

Es necesaria, sobre todo en su país, una revisión de la figura de doña Marina, la Malinche, porque es tal el grado de descalificación histórica del personaje por parte de los mexicanos que se ha acuñado el término «malinchismo» como sinónimo de traidor a la patria, y aun la Real Academia Española lo define como la 'actitud de quien muestra apego a lo extranjero con menosprecio de lo propio'.

Justo sería que el Congreso mexicano revisara sus ideas acerca de esta excepcional mujer, traductora, compañera de Cortés, hija de cacique, inteligente, vendida como esclava por su madre, mujer valiente y enamorada.

Se ha hablado de levantar para ella un monumento en la capital, aunque dudamos que esto se lleve a cabo en un continente en donde se denuesta e infama a Cristóbal Colón y se derriban sus estatuas, y eso en el país que lleva su nombre.

Llegado el indigenismo, aborrecen a aquellos blancos que trajeron la religión del perdón y recuerdan con nostalgia a sus propios dioses, pues los nativos de aquellas tierras dicen que han sido «desculturizados» y apartados del terrible Huitzilopochtli, cuya imagen está situada en la cima de la gran pirámide, con un corazón en la mano y un infeliz sin corazón que yace a sus pies.

¡Cómo no echar de menos a este magnífico y potente dios sanguinario y a sus atroces sacerdotes! Al menos en eso parece consistir la tan odiosa y dañina aculturación que apartó de su propia aterradora belleza a los pueblos antropófagos de la Edad de Piedra, llevándolos en cincuenta años a las universidades y al más brillante Renacimiento.

Tal vez fuese dañino acabar con los corazones arrancados a seres vivos y la sangre a borbotones cayendo por las escaleras de la pirámide, porque verdaderamente aquello era un espectáculo glorioso, magnífico y aterrador. Por la aculturación se les ha privado de sus sentimientos autóctonos y sus costumbres centenarias o milenarias. ¡Cómo no protestar y lamentarse de aquel atropello por parte de los inicuos barbudos!, esos «hombres de lejos» que no respetaban a las antiguas divinidades y su memorable liturgia.

Octavio Paz, en 1950, sugirió que los mexicanos se resisten a reconocer que su padre —el de la actual civilización mexicana— es Hernán Cortés. Mejor o peor, lo es, y revolverse contra esa figura y negar que Cortés es el progenitor de la nueva raza no llevará a ninguna parte. El padre no se elige, está ahí. Infamar al padre puede terminar infamando al hijo también; no en vano participa de su sangre.

Tal vez reconociendo a la Malinche como la primera madre india con hijos mestizos están aproximándose a la realidad de la que reniegan: la del padre y la madre. Los hombres nuevos de la Nueva España de ayer, y los de hoy que descienden de aquellos, no salieron de la nada, nacieron de la fusión de lo preexistente y de lo recién llegado, guste o no.

Hablaremos de esta notable mujer y en el relato de su vida hallaremos también a alguien que quiso lo mejor para su pueblo. Se convirtió de corazón al cristianismo y quiso cambiar los terribles dioses sanguinarios por el Dios siempre indulgente. A simple vista parece mejor dejar de alimentarse del prójimo, al que se arranca el corazón, y en su lugar comer la carne de animal y rezar por el perdón de las faltas cometidas ante un Padre benévolo.

La Malinche se enamoró de Cortés, le siguió a todas partes y tuvo un hijo con él, Martín, que fue separado de la madre y enviado a la Península por su padre, partidario de educarlo como a un caballero. En todo caso, fue el primer vástago de las dos razas, como diría Rubén Darío, de aquellas ínclitas razas ubérrimas, sangre de Hispania fecunda.

Mallinali —tal era su nombre indígena— era una mujer náhuatl oriunda del actual estado mexicano de Veracruz. Su padre, como ella relata, era el cacique de Painala, y ella gozaba de alta consideración: ocupaba el lugar de una mujer noble, equivalente a una princesa. Una ñusta.

Se cree que nació hacia el año 1500 —ella dice que «nació en 1505 cuando el volcán Popocatépetl dejo de humear por 20 días seguidos»—, posiblemente en Oluta, cerca de Coatzacoalcos, que era por entonces la capital olmeca. En cuanto a la fecha de su muerte, se barajan varias, por lo que no nos decidiremos por ninguna como cierta, ya que falta documentación fidedigna.

En sus primeros años parece haber sido ya una niña decidida y aventurera: la niñez trascurrió sin sobresaltos y sin más dolores que los naturales en una criatura con temperamento decidido. También se dice que estudió con su padre sobre todo «el arte numérico»; es decir, sabía de números, cuánto no sabemos, pero cabe aventurar que sería una niña deseosa de aprender. La vida de la joven princesa parece haber sido tranquila y agradable, hasta que un día llegaron a su pueblo los recaudadores de impuestos de Moctezuma y, al no recibir el tributo esperado, apresaron al cacique, para sacrificarlo después.

Fanny del Río, en su libro *La verdadera historia de Malinche*, describe un supuesto relato de la joven que no deja de ser verdad básicamente:

> Mi padre fue sacrificado con injurias a las máscaras sacrílegas en el téchcatl, la piedra ceremonial. Un afilado facón de obsidiana le arrancó el corazón, cuando aún latía, y por las escalinatas del templo consagrado a Huitzilopochtli rodó su cuerpo herido, se vertió su sangre, se fue golpeando la noble calavera en cada piedra…

Así aprendió a odiar a los dioses de su casa —se lamenta años después: «mi tatli muerto, abierto en dos como un animal»— y el horrible poder de México-Tenochtitlán.

Desposeída de rango y sin un varón en casa, su madre tomó otro esposo y fue ese, con la anuencia de la madre, el que finalmente entregó a Mallinali a los traficantes de esclavos; la joven era un estorbo en el nuevo hogar.

No es este el lugar para narrar las aventuras y desventuras de la niña-esclava. En su nueva vida, la antigua princesa servía en una casa, en los más humildes menesteres, como limpiar, acarrear agua y moler el maíz, y tras sus faenas domésticas «servía de desahogo a los varones de la familia». Transcurrido un tiempo, sus primeros amos la vendieron a unos comerciantes y así fue como descubrió el mar, del que se declara enamorada por sus anchos horizontes, tan distintos de los de los valles en que había vivido.

Mallinali siguió pasando de mano en mano como esclava, hasta que terminó al servicio del cacique de Potonchán, quien, en 1519, la entregó como presente a Hernán Cortés. Siete años había permanecido entre el pueblo de habla maya, idioma que aprendió a la perfección.

Hacer amistad con los nativos para evitar una gran matanza no le fue fácil a Cortés. Llegó con precauciones, en son de paz, y procuró transmitir estas intenciones a los naturales del lugar. Un cronista[1] lo relata así:

> En doce días del mes de marzo de mil quinientos diez y nueve años, llegamos al río de Grijalva, que se dice Tabasco (...) y en los bateles fuimos todos a desembarcar en la «Punta de los Palmares», que estaba del pueblo de Potonchán o Tabasco obra de media legua. Andaban por el río y en la ribera entre matorrales todo lleno de indios guerreros (...) y demás de esto, estaban juntos en el pueblo más de docemil guerreros aparejados para darnos guerra...

Los guerreros eran desconfiados por naturaleza y no tomaron como verdaderas las palabras del extranjero que hablaba de paz. Estas habían sido traducidas a los habitantes, pero ellos no las creyeron. Percatándose de la actitud desconfiada y belicosa de los indígenas, Cortés decidió prepararse para lo peor: ordenó repartir armas a los ballesteros y escopeteros. No era cuestión de dejarse cazar por la multitud de guerreros indígenas. Mejor atacar primero.

Los nativos, que observaban todos los movimientos de los extranjeros vieron el reparto de aquellos objetos, que no conocían pero sospechaban artilugios de guerra. Les advirtieron de que, si osaban salir de las canoas en las que habían venido, acabarían con ellos en un momento, pero ni siquiera esperaron a que los españoles pusieran pie en tierra, sino que de manera inmediata los rociaron con una andanada de flechas.

> ...y nos cercan con sus canoas con tanta rociada de flechas que nos hicieron detenernos con el agua hasta la cinta, y como había mucha lama no podíamos salir de ella y cargaron sobre nosotros tantos indios

con lanzas y otros a flecharnos, haciendo que no tocásemos tierra tan presto como quisiéramos, y con tanta lama no podiamos ni movernos, y estaba Cortés peleando y se le quedó un alpargate en el cieno y descalzo de un pie salió a tierra (...) y todos fuimos sobre ellos en tierra nombrando al señor Santiago y les hicimos retraer hasta una cercas que tiene hechas de maderas, hasta que las deshicimos y entramos a pelear con ellos (...) les llevamos por una calle y ahí tornaron a pelar cara a cara y peleaban muy valientemente... [2].

No haremos la historia más larga; solo diremos que finalmente, y con grandes dificultades, el campo quedó para Cortés y los suyos. Según costumbre, los vencidos debían agasajar a los vencedores con comida y presentes, y entre estos *presentes* venía Mallinali, la Malinche; el resto de las jóvenes que constituían el «regalo», unas veinte, fueron estregadas para servicio de los soldados. Mallinali era un regalo especial: hablaba idiomas.

Tras recibir la visita del cacique Tabscoob, hacer paces con él y aceptar sus presentes, Cortés se dirigió por mar hacia un lugar llamado San Juan de Ulúa y, cuando estaba todavía organizando su campamento, llegaron unos emisarios de Moctezuma que querían saber sus intenciones. Entonces, se presentó un gran obstáculo: el traductor de Cortés, Jerónimo de Aguilar, hablaba maya, pero los súbditos de Moctezuma solo náhuatl. Este fue el momento en que Mallinali —ya bautizada como doña Marina— se hizo notar como imprescindible, pues el náhuatl era su idioma materno y el maya lo aprendió en sus años de cautiverio, por ser la lengua de sus amos en Potonchán. Bien es verdad que no dominaba el castellano, pero le traducía a Aguilar lo dicho en náhuatl al maya, y este se lo trasladaba a Cortés en castellano. Gracias a este complicado sistema se solventaron no pocos malentendidos y se hicieron muchas averiguaciones en cuanto a los propósitos de los mexica y de sus aliados o enemigos.

Mallinali, como las demás jóvenes, había sido entregada por Cortés como regalo a uno de sus hombres, Alonso Hernández Portocarrero. Pero ahora Cortés necesitaba de los servicios de esta mujer, así que, para revertir la propiedad, envió a su subordinado a España como su emisario ante la corte de Carlos I (26 de julio de 1519), ardid con el que se libraba de manera honrosa del dueño y protector de la indígena, que pasaba ahora a su servicio. En todo caso, Cortés le prometió a Mallinali buen trato, la libertad y un matrimonio ventajoso.

Se ha dicho que la Malinche fue una traidora a su pueblo, pero sabemos que la historia siempre tiene dos lecturas: la de los vencidos y la de los vencedores. Fanny del Río, en su novela, hace decir con preciosas palabras algo que es muy cierto, en su —supuesta— cuarta carta a su hijo Martín, titulada: *Acerca de las noticias que se tuvo en costas de la Nueva España de los adelantados del muy Grande Emperador Carlos I*, apostilla con palabras que pone en la boca de Mallinali:

> Yo fui pese a todo una hija de nobles que dejó de ser una niña para siempre a los siete años y se transformó en la lengua de su raza, la intérprete de un pueblo cansado de sometimientos, el timón de Cortés y de su ejército, un soldado de Dios, y madre de cada uno de ellos.

Doña Fanny interpretó bien los sentimientos e intenciones de esta excepcional e inteligente mujer.

En todo caso, no tenía doña Marina una gran opinión de Moctezuma, le creía cobarde, timorato y en todo flojo. Todo lo contrario a un poderoso emperador guerrero que debe salvar su reino y a sus gentes. Tras muchos agüeros nefastos de los adivinos y augures, corrió la voz de que unos pescadores habían atrapado a una grulla que tenía en la cabeza un espejo en el que el propio soberano pudo ver la imagen de su derrota. Todos estos ominosos presagios habían hecho caer a Moctezuma en la melancolía —lo que hoy llamamos depresión exógena— y en un cierto desánimo.

¿Cómo ser fiel a tal figura? Un hombre débil, supersticioso, cruel. Ella lo veía no como su emperador, sino como un ser humano despreciable. Tras la entrada de Cortés en Tenochtitlán, sin duda los derrotados pensaron que Mallinali los había traicionado, que no debería haber servido al hombre blanco y barbudo, a quien en un principio el emperador azteca tomó por la mismísima Serpiente Emplumada. Ahora bien, si útil fue el servicio de Marina, no lo fue menos el talento y la bravura de don Hernán: ella era la voz del traductor y al tiempo su consejera. Conocía a su pueblo y a sus enemigos, escuchaba rumores, entendía, se escondía por debajo de las palabras amables de amigos y enemigos.

En todo caso, para aquel pueblo, con Hernán Cortés había llegado el destino: *alea jacta est*. Además, ella se había convertido al cristianismo de todo corazón y, aunque bautizada casi sin saberlo cuando pasó a ser propiedad de Cortés, tan pronto como conoció la doctrina católica se rindió a su bondad: «Creo en un solo Dios, Padre Todopoderoso, Creador del cielo y de la tierra, de todo lo visible e invisible, que hizo el cielo y la tierra...».

Conocedora de la crueldad y el desprecio por la vida humana que tenían los cientos de divinidades locales —tal vez recordaba la terrible muerte de su padre—, entendió que la religión que había conocido hasta entonces no auguraba un futuro benigno para nadie. Doña Marina no traicionó a los suyos, para los que sin duda deseaba lo mejor, sobre todo, no se traicionó a sí misma: ella, realmente, creía en un Dios misericordioso y clemente, no en los sedientos de sangre y venganza. También se entiende como traición el que en Cholula doña Marina avisase a Hernán Cortés de que dos millares de hombres de la ciudad pretendían terminar con su vida, cosa que este pudo evitar.

Por último, diremos que, llegado el momento, Cortés se deshizo de su intérprete —con quien había tenido un hijo, el citado Martín— e hizo realidad su promesa de buscarle «un buen marido», así que en 1524 doña Marina fue casada con Juan Jaramillo, que terminó siendo el fundador de la ciudad de Tepeaca (México). Aquel fue el final de lo que, durante años, había sido, además, una historia de amor entre el conquistador y la Malinche.

Poco se sabe de ella tras su matrimonio con Jaramillo, se ha venido diciendo que falleció en 1529, pero Hugh Thomas, en su libro *Conquest*, nos da como fecha probable de su muerte 1551, dato que deduce de las cartas descubiertas en España que se refieren a ella como aún viva en 1550.

Sin embargo, don Mario Jaramillo Contreras, en *Perfiles de Nobleza. Diez Hidalgos extremeños en la Conquista de América*, nos proporciona alguna información de este matrimonio bendecido por la Iglesia y cuyos hijos, por tanto, eran legítimos. Nos dice el autor que Jaramillo fue uno de los amigos más íntimos de Hernán Cortés y uno de los más apreciado; Jaramillo «era el hombre que le guardaba las espaldas», pues le era totalmente fiel. Cuando finalmente Cortés dejó de necesitar a la Malinche pidió a su amigo que casase con ella. Al parecer, la petición no desagradó a Juan, que —siempre según Mario Jaramillo Contreras— estaba enamorado de la mujer desde hacía tiempo. Por otro lado, quién sabe si tal vez la Malinche también era tan leal, o amaba tanto a Cortés, que aceptó casarse con Jaramillo sin hacer objeción alguna. Sea como fuere, a lo que sabemos de este matrimonio, fueron felices. Marina, si no lo amaba al principio, sí lo hizo más tarde. Tuvieron una hija a la que bautizaron con el nombre de María, legítima descendiente de ambos contrayentes y de cuyo destino y andanzas hablaremos luego. Todos estos hijos mestizos fraguaron aquellas «razas ubérrimas» de las que habló el grandísimo poeta Rubén Darío.

BIBLIOGRAFÍA

DEL RÍO, Fanny: *La verdadera historia de Malinche*, Plaza & Janés, México, 2009.

ESQUIVEl, Laura: *Malinche*, Suma de Letras, Madrid, 2006.

GONZÁLEZ, Cristina: *Doña Marina, la Malinche y la formación de la identidad mexicana*, Encuentro, Madrid, 2002.

JARAMILLO CONTRERAS, Mario: *Perfiles de Nobleza. Diez hidalgos extremeños en la Conquista de América*, E. y P. Libros Antiguos, Colección Persevante de Borgoña, Madrid, 2002.

NOTAS

[1] Bernal Díaz del Castillo. *Historia Verdadera de la Conquista de la Nueva España*.
[2] *Ibid.*

Matrimonio de la cacica Anayansi (1497? - ¿?), hija del cacique Careta (Chima), con Vasco Núñez de Balboa (1475-1519). Una historia romántica

Vasco Núñez de Balboa nació, a lo que se sabe, hacia 1475, así que cuando se descubrió América el joven tendría unos diecisiete años. Como dato único acerca de la edad del descubridor del océano Pacífico tenemos las palabras de Las Casas, que en 1510 dice de él que cuando lo conoció «era mancebo de hasta treinta y cinco o pocos más años», y en esta aseveración nos hemos fundado para calcular su fecha de nacimiento.

Su padre fue Nuño Arias de Balboa, «hidalgo y de sangre limpia», y de su madre sabemos que había nacido en Badajoz, si bien su nombre no ha trascendido; en todo caso, lo mejor que se podía decir de una dama era que «no tenía historia», y tan no la tuvo que su nombre nos es desconocido. El matrimonio tuvo varios hijos: Gonzalo y Juan, y otros dos llamados Vasco y Alvar. De Vasco se dice que entró como criado en casa de Pedro Puertocarrero, señor de Moguer, donde se educó en letras, modales y armas. Hay que hacer notar que el término «criado» no tiene las mismas connotaciones que hoy en día; implicaba que la persona había sido *criada* como un hijo, formado y alimentado por un noble más poderoso que su misma familia. Así, las hijas del Cid fueron «criadas» del rey, y Beatriz Galindo lo fue de Isabel la Católica. Era gran honor ser «vasallos de criazón» de un gran señor, como eran denominados.

El joven Vasco se trasladó a Sevilla, la ciudad con más vida hacia 1500, y allí embarcó en un navío que partía hacia lo que algunos continuaban llamando *Terra incognita* por lo poco que aún se sabía de ella.

Iba con lo que podemos llamar un «contrato de trabajo», enrolado como escudero en la expedición organizada por el escribano público de Triana Rodrigo de Bastidas y el cartógrafo Juan de la Cosa. Parece que era versado en el manejo de las armas, y Las Casas lo describió como «bien alto y dispuesto de cuerpo, y buenos miembros y fuerzas, y gentil gesto de hombre muy entendido, y para sufrir mucho trabajo»; por entonces tendría unos veinticinco años.

Dejamos a Vasco Núñez de Balboa atravesando el mar y nos vamos en busca del cacique del lugar denominado Careta, uno de los cacicazgos en que estaba dividida la parte central de América, en tierras de lo que hoy es más o menos Panamá. En términos generales, los españoles hallaron los siguientes cacicazgos indígenas: en la región central, Periquete, Totonaga, Taracuru y Penonomé; en oriente, Pocorosa, Comagre y Careta, cuyos territorios ocupaban la actual comarca de Guna Yala; por último, en la zona occidental hallaron un conglomerado de tribus entre las que destacaban los guaymíes, dorasques y dolegas.

Adentrándose en tierras desconocidas, los exploradores españoles trataban de ganarse la voluntad de los indígenas que hallaban a su paso, no solo para evitar conflictos con contingentes en número ignorado —sí sabían que algunas tribus disponían de flechas envenenadas—, sino también para que estos nativos los ayudasen a obtener comida y agua y, si posible fuera, datos sobre lo que podían esperar en los alrededores.

Llegados a tierra firme y después de varias aventuras y sucesos que no relataremos por no hacer la historia innecesariamente larga, y tras el descubrimiento de los Mares del Sur —rebautizado luego por Magallanes como océano Pacífico—, Núñez de Balboa salió por mar del lugar denominado Santa María La Antigua del Darién, el 1 de septiembre de 1513, con ciento noventa expedicionarios, acompañado de un buen número de indígenas, perros domesticados y de Leoncico, su perro, mencionado varias veces en la historia de Balboa, así como de un hermoso caballo negro. Cinco días más tarde, el 6 de septiembre de 1513, los expedicionarios, con Balboa a la cabeza, llegaron a la tierra del jefe Chima, cacique de Careta, que ejercía su autoridad en la zona en donde desembarcó el español.

En un principio el cacique se mostró belicoso, pero Balboa, sin dudarlo, arremetió contra el grupo central de los indios atacantes y logró apresarlo, lo cual hizo que los demás se rindieran. Con notable inteligencia, el conquistador, en lugar de dar muerte a su enemigo, entabló con él una amistad que resultaría duradera.

Muy pronto se enteraron de que este cacique de Careta, Chima, estaba enfrentado a muerte con otro más cruel y poderoso que él mismo, de nombre Ponca. Chima hizo entender a los extranjeros que, debido a las guerras, andaba escaso de víveres y no estaba en disposición de ayudarlos. Con gran habilidad, Núñez de Balboa ofreció al cacique de Careta su ayuda para derrotar a Ponca; así se hizo y, tras la victoria, se ganó más allá de la voluntad, el agradecimiento del jefe indígena, de modo que llegaron a un pacto por el cual aquel proveería no solo de agua y comida, sino también información, a los españoles. Algo más propuso a su nuevo socio y amigo el satisfecho jefe Chima de Careta: entregaría al extranjero a una de sus hijas en prenda de amistad y agradecimiento. Relatan quienes la conocieron que era muy joven —se dice que tenía solo 13 años de edad—, muy bella e inteligente, y se llamaba Anayansi, que en su lengua significaba 'llave de la felicidad'. Parece ser que ambos se hallaron mutuamente atractivos, y pronto hubo romance y convivencia. Al entregar a Anayansi, el padre pidió a Balboa que siempre fuera bueno con ella, cosa que el conquistador prometió y, según dicen, cumplió.

No es aquí inútil recordar que los Reyes Católicos promovieron en todo momento los matrimonios entre sus vasallos de allende los mares y los originarios de la Península, fuesen los contrayentes nobles o del pueblo llano, porque la intención última de los monarcas y las subsiguientes Leyes de Indias tuvieron por finalidad la libertad de acción de sus súbditos indios, que en todo caso igualaron a los de Castilla. Para corroborar lo dicho recordemos que ya en 1503 la reina doña Isabel ordena a su gobernador Ovando no ya permitir los matrimonios mixtos, sino propiciarlos «porque son legítimos y recomendables y porque los indios son vasallos libres de la Corona española».

Volviendo al matrimonio de Anayansi y Vasco Núñez, ella, satisfecha y enamorada, empezó a vestir ropas españolas, lo cual no fue bien visto —quizás por envidia de su hermosura— ni por los españoles de Balboa ni por los indígenas de Careta; se murmuraba de su relación con el conquistador. En todo caso, la unión no era insólita, pues era costumbre entre los indígenas que en casos excepcionales se había de ofrecer una hija o alguna otra joven de la comunidad a huéspedes distinguidos que hubieran favorecido a la comarca de alguna manera notable. El matrimonio fue feliz y tanto Careta como los españoles expedicionarios hubieron de reconocer que Balboa estaba verdaderamente enamorado de Anayansi y que la trataba como esposa, guardándose ambos fidelidad absoluta. En este sentido, indígenas y españoles les tenían respeto y admiración.

Balboa y Anayansi se casaron por el rito indígena, ceremonia que para Balboa era previa al casamiento posterior, cuando ella fuese bautizada, y para los indígenas, un verdadero matrimonio según su ley y su costumbre. También el cacique, padre de Anayansi, se convirtió —no sabemos si de corazón— al cristianismo, y fue bautizado con el nombre de Fernando, gracia del rey de España. Los esposos aprendieron cada uno el idioma del otro, Balboa el de Anayansi y ella el castellano, lo que fue de gran ayuda entre los españoles y los locales, para un mejor entendimiento y amistad.

Mientras Núñez de Balboa y su esposa se hallaban en Santa María la Antigua, entre los nativos se fraguó un levantamiento para librarse de los españoles. Nada menos que trescientos guerreros caerían de noche y por sorpresa para acabar con los blancos En la conjura estaba un hermano de Anayansi, el cual, para salvar la vida a su hermana, llegó hasta ella para prevenirla y que escapara antes de la matanza proyectada. Sin embargo, la joven, en lugar de hacer caso a su hermano, previno al esposo y, al hacerlo, le salvó la vida. Avisado Vasco, esperó preparado a los insurrectos y revirtió la suerte del choque.

El 20 de marzo de 1515 llegó a Santa María el nombramiento real de Vasco Núñez como adelantado de la Mar del Sur —fechado el documento por cédula de 23 de septiembre de 1514— y gobernador de las provincias de Panamá y Coiba, aunque sujeto a Pedrarias, el conquistador de Panamá y Nicaragua. Este último, con clara mala fe, quiso guardarse la cédula y ocultar el nombramiento real a Vasco Núñez de Balboa, pero a ello se opusieron el obispo y varios funcionarios, y así Pedrarias tuvo que entregársela a regañadientes, si bien prohibió a Balboa reclutar gentes para sus empresas descubridoras particulares, ya que, según dijo, necesitaba todos los hombres que había en Castilla del Oro para otros menesteres que tenía previstos.

Obedeciendo a su superior, Balboa no trató de movilizar a nadie en las inmediaciones, sino que se hizo traer hombres de Cuba en número de sesenta. Al volver Pedrarias de una gira, se enteró de tal reclutamiento y, temiendo una acción de parte de Balboa y sus partidarios, lo hizo encarcelar en una jaula de hierro, mientras Anayansi sufría al ver a su marido reducido a tal condición. Así lo mantuvo Pedrarias durante dos meses en el patio de su casa, hasta que, repentinamente, un día decidió liberarlo y, al tiempo, le ofreció la mano de su propia hija, doña María. Vasco aceptó, con gran disgusto por parte de Anayansi, que como esposa le acompañaba a todas partes y no alcanzaba a comprender que Núñez de Balboa hubiera aceptado a otra mujer además de ella. En todo caso, la boda con doña María Pedrarias —o María de Peñalosa, que de ambos modos es conocida— se realizó por poderes en abril de 1516, ya que la novia se hallaba en España, y los contrayentes nunca llegaron a conocerse. Tan pronto como Vasco se vio libre, casado o no, volvió a la convivencia con la joven Anayansi, a la que siempre amó de veras.

Aunque en apariencia había concordia entre Pedrarias y Vasco Núñez de Balboa, no era así en realidad; la trayectoria de Núñez de Balboa había suscitado envidias por parte de otros conquistadores. La metrópoli estaba muy lejos y para cuando las noticias llegaban de uno y otro lado, a menudo el significado de lo escrito había perdido validez o las órdenes llegaban demasiado tarde para poder enmendar lo ya hecho. Contando con ello, Juan de Ayora, Francisco Pizarro, Garavito, los Pedrarias (tío y sobrino), Morales, Becerra, Olano y Nicuesa se confabularon contra Balboa, un grupo demasiado poderoso para ser contrarrestado por un solo hombre.

Pedrarias hizo llamar al que ahora en puridad era su yerno y, cuando este venía obedeciendo a la llamada, en el camino fue tomado preso y llevado ante Pedrarias, acusado de «traición, usurpación de poder, e intento de crear un gobierno en el mar del sur», y con ello fue conducido a la cárcel a pesar de sus vivas protestas.

Los amigos indígenas y españoles de Balboa idearon asaltar la prisión de Acla, donde se hallaba preso, para lo cual contaban con la ayuda de la fiel Anayansi. La idea era sacarlo de la cárcel y conducirlo hasta la selva para salvarlo. La estratagema fracasó porque Pedrarias, en colaboración estrecha con el licenciado Gaspar de Espinosa, presentó un juicio rápido, sin garantía alguna contra el reo, que se hallaba fuertemente custodiado. En el proceso testimoniaron todos los enemigos de Balboa, y hasta su antiguo amigo Garavito, que estaba enamorado de Anayansi y había sido rechazado por esta, le traicionó.

Pedrarias lo había planeado todo al detalle para hacer desaparecer a Balboa cuanto antes porque este le hacía sombra. Balboa fue sentenciado y decapitado en Acla —la ejecución se llevó a cabo el 15 o el 19 de enero de 1519—, junto con cuatro de sus fieles amigos: Fernando de Argüello, Luis Botello, Hernández Muñoz y Andrés Valderrábano. La cabeza del conquistador fue expuesta en la picota. Así murió el descubridor de los Mares del Sur, dejando viuda a su bella esposa indígena, Anayansi, de la cual no vuelve a saberse nada tras la muerte del marido. En cuanto a la esposa española, casada y viuda sin llegar a conocer a su hombre, volvió a contraer matrimonio más tarde, pero ello no entra en nuestra historia.

Bibliografía

ALTOLAGUIRRE Y DUVALE, Ángel: *Vasco Núñez de Balboa*, Real Academia de la Historia, Madrid, 1914.

ALVARADO GARAICOA, Teodoro: *Vasco Núñez de Balboa, Adelantado de la Costa del Mar del Sur*, Imprenta de la Universidad de Guayaquil, 1950.

DE LAS CASAS, Bartolomé: *Historia de las Indias*, 1875[1].

FERNÁNDEZ DE OVIEDO Y VALDÉS, Gonzalo: *Historia General y Natural de las Indias y Tierra Firme del Mar Océano*, Imprenta de la Real Academia de la Historia, Madrid, 1851.

GARRISON. O. V.: *Balboa el Conquistador: la Odisea de Vasco Núñez, descubridor del Pacífico*, Grijalbo, Barcelona, 1977.

RUIZ DE OBREGÓN Y RETORTILLO, Ángel: *Vasco Núñez de Balboa: historia del descubrimiento del océano Pacífico*, Editorial Maucci, Barcelona, 1913.

VV. AA.: *The Oxford Book of Exploration*, Oxford University Press, 1993.

Notas

[1] Las Casas legó el manuscrito original inédito de su *Historia* al Colegio de San Gregorio de Valladolid en noviembre 1559. Hemos usado la primera edición de 1875, en la que se dividió la obra en 5 tomos.

Matrimonios de Cuxirimay Ocllo Coya o Angelina Yupanqui (1515- 1576?). Una mujer osada y ardiente. Esposa de Atahualpa (1497?-1533), amante de Francisco Pizarro y esposa del cronista español Juan de Betanzos (1510-1576)

El Inca, o rey supremo del Tahuantinsuyo, 'las cuatro partes del mundo', tenía, o podía tener, un número indeterminado de esposas, sin embargo, solo una era la legítima: la Coya. Para explicar la importancia de esta esposa diremos que la Coya no solo es la primera de las mujeres y única mujer legítima del emperador —Sapa Inca—, sino quien dirige en su ausencia el gobierno de la capital, Cuzco. También se decía que, en caso de necesidad o grandes catástrofes, la Coya o real esposa organizaba las ayudas a los damnificados.

Como privilegio, la Coya y sus hijas, que vivían en casas hechas de barro y en una zona rodeada de pastizales, tenían acceso a las llamadas Vírgenes del Sol, mujeres cuyas cualidades especiales las hacían dignas de recibir una cierta educación, menos avanzada que la de los hombres, pero educación al fin y al cabo, todo un privilegio. Pues bien, la Coya era elegida entre este grupo de mujeres señaladas.

Si bien el Inca no podía ser visto por sus sirvientes, la Coya, sí; a su vez, era la única de sus mujeres autorizada a ver al Inca.

El prestigio de la reina era legendario: según una tradición de Cuzco, la reina Mama Huaco fue quien adoptó el título de coya. Ella gobernó sola hasta el nacimiento de su hijo ilegítimo, a quien declaró descendiente del Sol y con quien contrajo matrimonio. Este niño fue el primer Inca, Manco Cápac. A partir de entonces, Inca y Coya gobernaron juntos. De esta leyenda podemos sacar dos conclusiones: en primer lugar, que ambos ostentaban un poder semejante, el de ella anterior al de él; por otra parte, que el incesto era una práctica normal en esta cultura, y aun de origen divino.

Cuxirimay Ocllo nació alrededor de 1515 en Cuzco, la ciudad corazón del Tahuantinsuyo, estado que abarcaba la región andina que hoy comprende Perú, Bolivia, Chile, Ecuador, Argentina y Colombia. El linaje de esta joven era considerado el más puro, pues era una de las hijas del Inca Huayna Cápac y, por tanto, también hermana de Atahualpa y descendiente de Pachacuti, refundador del Cuzco y creador de Machu Picchu. Al igual que los egipcios, los incas consideraban un buen matrimonio aquel que se realizaba con hijas, hermanas o, al menos, primas-hermanas. Por esta razón Cuxirimay, de quien se decía que era coqueta y muy hermosa, fue escogida como Coya.

Pasó sus primeros años en los palacios y jardines reservados a la élite incaica. Su belleza e ingenio la hicieron destacar entre otras jóvenes de la nobleza, y ya a los diez años fue elegida para ser la esposa del que habría de ser el último soberano del imperio: Atahualpa. Dada la importancia de esta unión, llegado el momento las celebraciones por la boda duraron dos meses y, desde entonces, Cuxirimay fue considerada una deidad, al igual que su marido. Ella, hija de la Luna, y él, hijo del Sol.

Los cronistas aseguran que la Coya era una mujer temida y respetada como «reina o señora principal de todos ellos», pero la felicidad no era completa, pues el incario se hallaba sumido en una guerra civil entre dos hermanos que se disputaban el poder: Atahualpa y Huáscar.

En 1531 Francisco Pizarro, que había partido hacia el sur con la intención de conquistar el Tahuantinsuyo, se dirigía hacia Cajamarca con ciento sesenta y ocho hombres y unos sesenta caballos, amén de dos «falconetes» o cañones pequeños. A su llegada, se sorprendió de no ver allí al Inca, pues le habían asegurado que estaba en el lugar. Aunque seguramente el español se malició que soldados del soberano se hallarían en las inmediaciones, es de suponer que no se imaginaría que los invisibles guerreros eran decenas de miles —una apreciación moderada habla de treinta mil—. El Inca, por su parte, no se encontraba lejos, en el lugar llamado Pultumarca, y lo acompañaba su esposa, la Coya Cuxirimay Ocllo, ya que la real pareja se desplazaba junta. Es más que probable que Atahualpa no sintiera temor ante esos ciento sesenta y ocho barbudos que le instaban a encontrarse con ellos en Cajamarca, por muy guerreros que fueran. Junto a él, la hermosa joven de alrededor de quince años estaba segura. Además, contaba con el mencionado contingente de treinta mil guerreros prestos a intervenir ante cualquier imprevisto.

Por no relatar hechos de todos conocidos, el Inca acudió a Cajamarca *solamente* con unos tres mil sirvientes según unos y con alrededor de seis mil según otros; armados con porras, en todo caso estaban en proporción muy desigual con respecto a los ciento sesenta y ocho españoles. Se habla de «ayudantes» del lado de estos últimos: indígenas y negros, pero nadie se atreve a dar cifras. No podían ser muchos, simplemente por la cuestión del abastecimiento, harto difícil cuando se trataba de atravesar selvas y montañas por territorio enemigo y desconocido, cuyas fuentes de agua y de alimentos eran inciertas y dependían del azar.

Finalmente, en Cajamarca se entrevistaron los dos hombres: el blanco y el cobrizo, el representante del rey de España y el hijo del Sol, y tras la cena Atahualpa regaló al hombre blanco una joven que era su propia hermana, Quispe Sisa, a quien conoceremos bajo el nombre cristiano de Inés Yupanqui Huaylas.

Como es sabido, tanto Atahualpa como Cuxirimay Ocllo fueron apresados (1532), y el Inca al fin fue ajusticiado, con la intención de descabezar el imperio y dificultar cualquier resistencia.

Todos los que relatan estos hechos y estos días están de acuerdo en que la joven hija de la Luna, Cuxirimay, era una mujer bellísima. Fiel al hijo del Sol, ella permaneció cerca mientras Atahualpa estuvo preso, y bien se puede decir que como esposa y reina fue testigo del fin del Imperio inca. Tras la ejecución de Atahualpa en 1533, fue conducida al Cuzco. Convencida o no, se convirtió al cristianismo y la bautizaron con el nombre de Angelina.

No se sabe exactamente qué hizo y cómo vivió en el Cuzco la viuda del Inca, algunas leyendas dicen que quiso morir de tristeza, pero no son más que leyendas. En todo caso, los españoles cuidaron de ella y sabemos que hacia 1538 era la concubina de Francisco Pizarro, con quien tuvo dos hijos, Juan y Francisco.

Hay varias versiones para explicar la convivencia de Cuxirimay o Angelina con Pizarro. Una de ellas dice que Pizarro la tomó para sí cuando ella era aún adolescente y él estaba próximo a cumplir los sesenta años, y la tomó no solo por su belleza, sino para reafirmar su conquista del Imperio inca. En todo caso, el español, según las leyes indígenas no podía casarse con la princesa Cuxirimay, aunque lo hubiese deseado, pues la esposa legítima de Pizarro vivía, era otra princesa indígena bautizada —como hemos apuntado ya— como Inés Yupanqui Huaylas, y era prima de Cuxirimay; pero la hija de la Luna, Cuxirimay-Angelina se empeñó en conseguir la misma seguridad como la compañera sentimental del hombre más poderoso del nuevo reino.

Otra tesis bastante audaz explica que Pizarro, uniéndose a ella, manchaba el puro linaje de la princesa, razón por la que ella ya no podía reclamar el imperio. También circula un tercer supuesto, y es que en los cinco años transcurridos desde la muerte de Atahualpa, Cuxirimay, joven, hermosa y viuda, se convirtió en una «devoradora de hombres notables».

El narrador e historiador don Néstor Taboada Terán, nacido en Bolivia, defensor de esta última tesis, asegura que Cuxirimay era una mujer «misteriosa, seductora, impúdica, engañosa, dura e independiente, que buscaba a los hombres y luego los abandonaba a su suerte». Tal y como se presenta su figura, es imposible saber cuál es la versión real de la joven viuda, que de cualquier manera —así se nos ha transmitido— debió de resultar atractiva a los hombres.

El concubinato con Pizarro terminó con el asesinato del conquistador extremeño (1541) tras una veintena de heridas de espada durante una rebelión. Tras el terrible suceso, Cuxirimay se marchó del palacio vestida de luto junto a sus dos hijos —supuestamente suyos y de Pizarro—, y lo hizo sin mirar atrás. Finalmente, no mucho más tarde, ese mismo año de 1541, en la ciudad de Piura casó con el hidalgo Juan de Betanzos, quien se dice fue el gran amor de su vida y tal vez el padre de uno de los hijos que se suponía de Pizarro. La pareja vivió feliz en el Cuzco, al menos hasta 1576.

A su lado, Juan de Betanzos aprendió a hablar quechua y se convirtió en uno de los grandes conocedores de la cultura andina de su tiempo. A su pluma debemos una obra titulada *Suma y narración de los incas*, cuya parte primera cubre la historia de los incas hasta la llegada de los españoles, y la segunda, la conquista hasta 1557. Los acontecimientos están narrados principalmente desde el punto de vista de los incas y el autor incluye menciones a entrevistas con guardias del Inca que se encontraban cerca de la litera de Atahualpa cuando fue capturado. Hasta 1987 solo se conocían los primeros dieciocho capítulos, pero en ese año se encontró y publicó el manuscrito completo.

Ahora se sabe que este cronista contó con la colaboración de Cuxirimay, quien relató al historiador muchos de los hechos y costumbres de su pueblo y de la nobleza indígena. También le facilitó encuentros con sus parientes regios, con los que Betanzos pudo hablar gracias a la influencia de ella.

La intención última de Betanzos era presentar al virrey una historia completa de los sucesos de aquella tierra antes del descubrimiento, que llaman «encuentro» entre dos culturas. El virrey murió antes de que se terminara la obra y quizás por eso este valioso manuscrito permaneció ignorado varios siglos, prácticamente hasta la pasada centuria, cuando la doctora Carmen Martín Rubio encontró en archivos de Palma de Mallorca un ejemplar completo. Con este hallazgo y el complemento de las expediciones llevadas a cabo en la selva peruana para encontrar la ciudad perdida de Vilcabamba, la doctora Martín Rubio y el periodista Santiago del Valle han despertado el interés y la difusión de la obra de Betanzos y han contribuido al conocimiento de estos personajes y de la historia que relata, la del incario, la de Cuxirimay y su peripecia vital.

Sin que ella misma fuera consciente, esta dama inca fue testigo, y a veces protagonista, de las últimas páginas de la historia de su imperio, que se desmoronó tras la muerte de Atahualpa, momento en que la Coya ya no es tal, sino una viuda más, noble, notable, rica, sí..., pero nunca más emperatriz.

Como esposa de Atahualpa presenció, por tanto, el fin del Imperio inca; como amante y madre de dos hijos de Francisco Pizarro vivió en carne propia la conquista y el mestizaje, y como esposa de Juan de Betanzos fue la relatora principal de uno de los textos más reputados sobre la conquista del Imperio del Sol. Con la documentación hallada merece, sin duda, una tesis doctoral.

BIBLIOGRAFÍA

ARCINIEGA, R.: *Francisco Pizarro: biografía del conquistador del Perú*, Editorial Nacimiento, Santiago de Chile, 1941.

GONZÁLEZ OCHOA, J. M.ª: *Pizarro*, Editorial Acento, Madrid, 2002.

—*Quién es quién en la América del Descubrimiento*, Editorial Acento, Madrid, 2003.

PORRAS BARRENECHEA, R.: *Pizarro*, Editorial Pizarro, Lima, 1978.

Matrimonios de la princesa azteca Tecuichpo Ixcaxochitzin-Isabel de Moctezuma (1509-1550). Casada con su tío Cuitláhuac (1476-1520), con Cuauhtémoc (1496-1525), con don Alonso de Grado (¿? -1527) y otros nobles españoles. Condado de Miravalle

La princesa Tecuichpo Ixcaxochitzin era uno de los muchos descendientes —femeninos en este caso— de Moctezuma Xocoyotzin, huey tlatoani de México; para entendernos, Moctezuma II era el emperador de los aztecas y sus aliados.

Del aspecto de este rey sabemos por *La Crónica de Nueva España* de Francisco Cervantes de Salazar lo siguiente:

> era Moctezuma hombre de mediana disposición, acompañada con cierta gravedad y majestad real, que parecía bien quien era aun a los que no le conocían. Era delgado de pocas carnes, la color baza [moreno que tira a amarillo], como del oro, de la manera de todos los de su nación; traía el cabello largo, muy negro y reluciente, casi hasta los hombros; tenía la barba muy rara, con pocos pelos negros y casi tan largos como un xeme[1]; los ojos negros, el mirar grave, que mirándole convidaba a amarle y reverenciarle.
>
> Era hombre de buenas fuerzas, suelto y ligero; tiraba bien el arco, nadaba y hacía bien todos los ejercicios de guerra; era bien acondicionado, aunque muy justiciero, y esto hacía por ser amado y temido, casi de lo que sus pasados le habían dicho, como de la experiencia que él tenía, sabía que eran de tal condición sus vasallos que no podían ser bien gobernados y mantenidos en justicia si no con rigor y gravedad.

En cuanto a su carácter, no se sabe demasiado; los datos son contradictorios, ya que al parecer él no deseaba ser tlatoani de su gente. Por lo que respecta a su vida de casado, si puede decirse tal cosa, Bernal Díaz del Castillo nos comunica que

> …tenía muchas mujeres por amigas y dos cacicas por legítimas mujeres, pero era limpio de sodomías. Contaba con doscientos principales en otras salas junto a la suya para atenderlo, quienes tenían que ir descalzos al visitarlo y dirigirse con las palabras: «Señor, mi señor, mi gran señor» sin darle la espalda y con la vista abajo.

Naturalmente, las costumbres y ritos diversos entre estos naturales eran muy diferentes a los hábitos, usos y leyes de los cristianos recién llegados. Tal y como nos dice Bernal Díaz del Castillo, Moctezuma II tuvo numerosas esposas y concubinas, que le dieron un sin número de hijos; su descendencia superaba ya la centena, y en el momento en que fue tomado prisionero cincuenta de aquellas mujeres se encontraban embarazadas, si bien es cierto que no todas tenían igual rango y, en consecuencia, lo mismo sucedía con los vástagos.

Se ha dicho tradicionalmente que Moctezuma se rindió a Hernán Cortés, y a través de él al rey de España, sin oponer resistencia, extremo que ha sido confirmado numerosas veces por los sucesivos cronistas, inclusive por los que fueron testigos de los hechos; autores modernos esgrimen tesis revisionistas que niegan que aquel se rindiera sin más, pero no ofrecen otra explicación de cómo Moctezuma y Hernán Cortés llegaron a una «entente» hasta la muerte del rey indígena.

Volviendo a nuestro relato, el hijo favorito del emperador era Chimalpopoca, el cual había sido nombrado heredero, si bien no llegó a heredar nada, pues pereció en la llamada Noche Triste. No por esto se quedó el imperio sin sucesor, dado que eran muchos los hijos y hermanos de Moctezuma que aún quedaban vivos. De todas las hijas que consiguieron sobrevivir, la más importante, por ser la preferida de su padre, fue Tecuichpo Ixcaxochitzin, a quien trataremos de dar semblanza en este capítulo.

Todos los hijos de reyes, caciques, curacas y nobles de cualquier denominación —orejones, gobernadores o jefes, etc.— eran considerados en la sociedad de los indios nobles por las Leyes de Indias, de modo que la princesa hija de Moctezuma, la citada Tecuichpo Ixcaxochitzin, lo era y de primer rango.

De sus primeros años y posible educación los cronistas no nos dan datos. Habrá que suponer que, al ser la hija predilecta del poderoso Moctezuma, durante su infancia gozaría de todos los bienes y alegrías que una niña podía tener en sus primeros años. De la «educación» propiamente dicha de la criatura, tal y como la entendemos desde que la humanidad descubrió la escritura, nada se sabe, ya que en general la formación sería probablemente para los varones, centrada en las artes de la guerra, la caza y habilidades semejantes, pues los aztecas no tenían alfabeto, ni leían, ni escribían ni nada que pudiera parecerse. Muy probablemente las niñas aprenderían a tejer con primor y algo similar, como enhebrar hermosos collares intercalados de plumas, tal vez a cantar y cuestiones de tal suerte, pues ellas no guerreaban.

Siguiendo la costumbre del país por su origen y linaje, la princesa Tecuichpo Ixcaxochitzin había sido desposada a muy temprana edad con su tío Cuitláhuac. Este primer esposo era entonces el sucesor de Moctezuma, hijo del mismo padre, Axayácatl, y por ello hermano del huey tlatoani.

Sabemos que Cuitláhuac había sido apresado por Cortés en 1520 tras haber urdido aquel un levantamiento contra los españoles. El pueblo se agitó al ver al cacique heredero en prisión y, para evitar males mayores, viendo que se gestaba otra revuelta, a fin de calmar los ánimos y a petición de Moctezuma, se liberó a este guerrero. No bien Cuitláhuac se vio libre atacó fieramente a los españoles. El levantamiento mexica tenía mal cariz, y Cortés, temeroso de ser completamente aniquilado, exigió a Moctezuma que subiese a la azotea del palacio para arengar a sus súbditos mexicas y pedirles que se mantuvieran en paz. La versión más aceptada es que Moctezuma fue herido en aquella ocasión de una pedrada y a los dos días murió. Cuitláhuac, que era el heredero y, ahora, nominalmente rey, deseoso de librar a su gente de los extranjeros, continuó con su guerra, pero a poco fue muerto, no en el campo de batalla, sino por haberse contagiado de viruela. Como hecho notable en la vida de aquel guerrero debemos recordar que Cuitláhuac fue el estratega principal de los combates que dieron la victoria a los mexicas en la llamada Noche Triste (30 de junio de 1520).

Con la muerte de Cuitláhuac, la princesa Tecuichpo Ixcaxochitzin quedaba viuda, de modo que fue desposada con el que los mexicas consideraban nuevo emperador, Cuauhtémoc. Cuenta Cervantes de Salazar que

> Cuauhtémoc se dio a la tarea de reorganizar el ejército mexica, reconstruir la ciudad y fortificarla para la guerra contra los españoles, pues suponía que estos regresarían a pelear contra los mexicas. Envió embajadores a todos los pueblos solicitando aliados, disminuyendo sus contribuciones y aun eliminándolas para algunos[2].

Tras muchas acciones de guerra entre mexicas y españoles, que no relataremos por no ser este el lugar adecuado y por ser numerosos los choques y sus respuestas, finalmente, después de sitiar Tenochtitlán por noventa días, el 13 de agosto de 1521 los españoles, comandados por Hernán Cortés, lo capturaron en Tlatelolco, según relata Bernal Díaz del Castillo, que nos dice que el caudillo mexica pidió ser llevado ante Cortés y a este solicitó que lo matase por no haber podido llevar al triunfo a los suyos.

> ... Señor Malinche: [nombre que daban los indígenas a los españoles] ya he hecho lo que soy obligado en defensa de mi ciudad y vasallos, y no puedo más, y pues vengo por fuerza y preso ante tu persona y poder, toma ese puñal que tienes en la cinta y mátame luego con él. Y el mismo Guatemuz le iba echar mano dél ...[3].

Para terminar la historia de Cuauhtémoc, diremos que fue torturado y resistió con dignidad y valor el castigo antes de hallar la muerte. El 28 de febrero de 1525, Cortés había ordenado que interrogaran por separado a Cuauhtémoc y al señor de Tacuba, y «sin haber más probanzas los mandó ahorcar. Y fue esta muerte que les dieron muy injustamente dada, y pareció mal a todos». Así lo relata el cronista Díaz del Castillo, y así también quedó viuda por segunda vez nuestra princesa.

Dado el rango de Tecuichpo Ixcaxochitzin, no era lógico dejarla sin un protector y un hogar, así que Hernán Cortés decidió otro matrimonio para ella, esta vez con un español, ya que temía que, si se casaba con otro indígena, este pudiera reclamar el trono en nombre de su esposa. Tras convertirse al catolicismo y recibir el bautismo con el nombre de Isabel, la casó con el hidalgo Alonso de Grado, nacido en Alcántara. Este hidalgo era uno de los hombres de Cortés, y mucho debió él apreciarle para otorgarle la mano de tal señora; dícese de él que era gran musico y escribano, pero también «gran enredador». Desde luego, no parece que fuese persona recomendable: sin entrar en pormenores, la Academia de la Historia, al hablar de él lo califica de «Hombre de carácter bravucón y con tendencia a la pelea». Como quiera que sea y a fin de facilitar a los esposos lo que hoy diríamos «un buen pasar», Hernán Cortés les entregó una ventajosa encomienda. La fecha de ese documento es la de 27 de junio de 1526, y dice así:

> …Con la qual dicha Doña Isabel le prometo y doi en dote y arras á la dicha Doña Isabel y sus descendientes, en nombre de S.M., como su Governador y Capitán General destas partes, y porque de derecho le pertenece de su patrimonio y legítima, el Señorío y naturales del Pueblo de Tacuba, que tiene ciento é veinte casas; y Yeteve, que es estancia, que tiene quarenta casas; y Izqui Luca, otra estancia, que tiene otras ciento veinte casas; y Chimalpan, otra estancia, que tiene quarenta casas; y Chapulma Loyan, que tiene otras quarenta casas; y Escapucaltango, que tiene veinte casas; e Xiloango que tiene quarenta casas; y otra estancia que se dice Ocoiacaque, y otra que se dice Castepeque, y otra que se dice Talanco, y otra estancia que se dice Goatrizco, y otra que se dice Tacala, que podrá haver en todo mil y doscientas y quarenta casas; las quales dichas estancias y pueblos son subjetos al Pueblo de Tacuba y al Señor della. Lo qual, como dicho es, doy en nombre de S. M. en dote y arras á la dicha Doña Isabel para que lo haya y tenga y goce por juro de heredad, para agora y para siempre jamás, con título de Señora de dicho Pueblo y de lo demás aquí contenido… Hernán Cortés, 27 de junio de 1526.

Una vez más, Tecuichpo-Isabel no tuvo suerte en su matrimonio: el esposo fue acusado e investigado por alguna sospecha de crueldad y maltrato para con los indígenas, pero antes de tener sentencia murió en 1527. De esta breve unión no hubo descendencia.

El siguiente casamiento de la princesa fue con Pedro Gallego de Andrade. Este cuarto esposo de Isabel de Moctezuma tenía a su familia radicada en Barragán del Valle del Maíz, San Luis Potosí. El matrimonio duró poco tiempo, pues Gallego de Andrade, como los anteriores maridos, murió enseguida, en 1530. A pesar de ello tuvo descendencia, un hijo de nombre Juan de Dios de Andrade Moctezuma (1529-1577), cuya línea sucesoria pervive hasta el día de hoy.

Hay que mencionar que entre los dos últimos matrimonio citados, la hija de Moctezuma vivió en la casa de Cortés por un tiempo, el necesario para que la «invitada» tuviese una hija del español, a la que bautizaron con el nombre de Leonor Cortés Moctezuma y que el conquistador reconocería como suya, no así la madre, que nunca amó a la pequeña. La princesa mexica estaba ya embarazada cuando Cortés la unió en matrimonio con Pedro Gallego de Andrade; cuatro o cinco meses más tarde, en 1528, nació doña Leonor, que de inmediato fue separada de su madre y se crio en la casa de Juan Gutiérrez de Altamirano.

Se desconoce si antes del nacimiento de esa hija de Cortés hubo amoríos entre ellos o si el conquistador forzó a la «protegida», lo cual tampoco nos sorprendería de este mujeriego impenitente. Lo cierto es que Isabel de Moctezuma nunca quiso reconocer a esta criatura como suya, cosa que sí hizo Hernán Cortés, que, además, la llevó con su familia paterna para que fuera educada de acuerdo con su linaje: por línea paterna era nieta de don Martín Cortés Monroy y Catalina Pizarro, los padres de Hernán Cortés; y por parte de madre su abuelo era nada menos que el emperador tlatoani Moctezuma II, Xocoyotzin Mahualxochitl Tezalco. No se podía pedir más.

Muerto Pedro Gallego de Andrade, la princesa contrajo nuevas nupcias, ahora por quinta vez, con Juan Cano de Saavedra, nacido en

Cáceres en 1502. Se casaron por interés mutuo, él por el prestigio de vincularse con la heredera del Imperio azteca, y ella con la esperanza de tener un valedor y, por fin, una familia y un hogar. Además, también con la esperanza de que el nuevo esposo apoyase sus reivindicaciones sobre bienes y territorios que debía haber heredado de su padre, Moctezuma, y que le habían sido negados. El matrimonio tuvo cinco hijos: Juan, Pedro, Gonzalo, Isabel y Catalina. Estas dos últimas entraron en la vida religiosa en España

A lo largo de veinte años, Juan Cano de Saavedra y su esposa Tecuichpo-Isabel de Moctezuma pusieron tres pleitos a la Corona, de los cuales ganaron dos. En todo caso, hasta el fin de sus días, Isabel siguió reclamando el resto de la herencia de su padre Moctezuma II, alegando que él había aceptado de buen grado la soberanía del rey de España y ella se había convertido al cristianismo, era no solo cristiana devota sino española leal, y no había razón para privarla de su herencia. Isabel falleció antes de ver el final de sus demandas, que fueron confirmadas, solo formalmente, por la Real Audiencia de la ciudad de México a ella y a sus hijos en el año 1556.

Isabel de Moctezuma falleció el 9 de diciembre de 1550. En su testamento otorgó la libertad a todos los esclavos indios naturales de la tierra que le correspondía según sus costumbres por ser hija del emperador Moctezuma; ordenó misas, obsequias, mandas pías y otras obras de caridad hasta una quinta parte de todos sus bienes, así como el pago de deudas y salarios de sus criados. Descanse en paz esta sufrida princesa nacida Tecuichpo, muerta Isabel, hija de Moctezuma II, huey tlatoani de México-Tenochtitlán (1502-1520), emperador azteca. La Corona española otorgó a sus descendientes el título de condes de Miravalle.

Bibliografía

AGUIRRE, Eugenio: *Isabel Moctezuma*, Planeta, Barcelona, 2008.

DIAZ DEL CASTILLO, Bernal: *Historia Verdadera de la Conquista de la Nueva España*, 2.º tomo, Madrid, 1984, pp. 447-448.

LÓPEZ DE GÓMARA, Francisco: *Historia de la Conquista de México*, 2.ª parte de la *Historia General de las Indias* (prólogo y estudio preliminar de Miralles Ostos), Biblioteca Castro, Madrid, 2021.

THOMAS, Hugh: *La conquista de México: el encuentro de dos mundos, el choque de dos imperios* (traducción de Víctor Alba y C. Boune), Planeta, México, 2000.

POWELL, Philip W.: *La guerra chichimeca (Soldiers, Indians & Silver)*, Fondo de Cultura Económica, México, 1975.

Notas

[1] Un *xeme* o jeme es la distancia que hay, con la mano extendida, entre el dedo índice y el pulgar; alrededor de unos 15 centímetros.

[2] Francisco Cervantes de Salazar, 1513-1575, cronista de la Ciudad de México, deán de la catedral de México, autor de *Crónica de la Nueva España*.

[3] Bernal Díaz del Castillo, *Historia Verdadera de la Conquista de la Nueva España*.

Matrimonio de doña Beatriz Ñusta o Beatriz Clara Coya (1556-1600), hija del último Inca, con don Martín García de Loyola (1548-1598)

En el principio de los tiempos el dios Viracocha creó todo lo que existe, el Sol y la Tierra, y puso sobre ella a su hijo Manco Cápac, a quien dio como esposa a la que era su hermana: Mama Ocllo. Ambos salieron del lago Titicaca para poblar la Tierra y enseñorearse de ella, estos hijos del Sol fueron los primeros gobernantes, a los que se llamó Incas. Para guiar a la pareja hasta el lugar que les tenía destinado, el Señor Sol les dio una barra de oro, allí donde se clavase, ese sería el lugar elegido. Una vez que se cumplió lo anunciado, Manco Cápac enseñó a los lugareños a cazar, a hacer armas, a sembrar y cosechar maíz, a construir acueductos y otras obras útiles, mientras que Mama Ocllo —cómo no— enseñó a las mujeres a tejer, a cocinar, a cuidar de los niños y del marido y de los padres, y suponemos que a obedecer sin rechistar, cosa que ellas han hecho cumplidamente por cientos de años.

Este es el origen divino del linaje inca que se perpetuó por algunos siglos.

Saltándonos lo innecesario de los sucesivos linajes, pasamos al Inca nacido en Vilcabamba, Sayri Túpac, (1535-1561) el cual murió en un oscuro suceso, al parecer asesinado por orden del teniente gobernador del Cuzco. Dejó como sucesor a su hijo de nueve años, Sayri Túpac, y también le sobrevivió una hija, Cusi Huarcay.

Por entonces gobernaba en el Perú Pedro Lagasca, bajo cuya autoridad hubo una época de paz entre los conquistadores y el incario, paz que se prolongó bajo el virreinato de don Andrés Hurtado de Mendoza, tercer virrey del Perú y asimismo tercer marqués de Cañete.

El virrey llegó al Perú en 1556, y en 1560 recibiría al Inca en Lima con todos los honores debidos a un monarca reinante.

Tras largas conversaciones se llegó a un acuerdo: el Inca renunciaba a ser el soberano indiscutido de aquellos territorios —el incario o Tahuantinsuyo— y, a cambio, recibía grandes propiedades, riquezas, un perdón general por los levantamientos habidos hasta entonces y, aun sin mando efectivo, siempre sería considerado como un soberano. Además, el Inca Sayri Túpac se convirtió al catolicismo, fue bautizado y cambió su nombre por el de Diego.

Se retiró de su capital y se radicó en Yucay, lugar en donde vivió pacíficamente y, tras recibir una dispensa especial del papa Julio III, casó con su hermana mayor, Cusi Huarcay. El escritor indígena Garcilaso de la Vega dice de ella que, hacia 1557, era «hermosísima y fuéralo mucho más si el color trigueño no le quitara parte de la hermosura».

Tras recibir el mencionado permiso para contraer matrimonio, los hermanos fueron casados en la catedral de Lima por el arzobispo don Juan de Solano. Al año siguiente (1558) vino al mundo una niña: Beatriz Clara Coya, es decir, la princesa Beatriz Clara, princesa ya española de nacimiento. Desgraciadamente, el padre enfermó y a poco falleció, lo que trajo un cambio total para la real familia.

Considerando a la joven viuda incapaz de gobernar sus vastas posesiones, el conde de Nieva nombró a unos tutores administradores, que incumplieron su deber, al extremo de que Cusi Huarcay hubo de vivir con estrecheces y casi sin sirvientes, reducidos estos a una especie de mayordomo y una pareja de criados domésticos o *huasicamas*.

En cuanto a la verdadera heredera de los territorios y caudales de su padre, Beatriz Clara Coya, fue recluida en un monasterio bajo los cuidados de las monjas de Santa Clara (franciscanas).

Sabedora de que su marido le había dejado una pensión de tres mil pesos, la viuda incoó un pleito para recuperar al menos esa cantidad. Cusi Huarcay todavía era joven y la vida no había terminado para ella; en 1564 conoció y trabó amistad con un rico encomendero de Cuzco,

Arias Maldonado, a cuya casa se trasladó, lo cual hizo que pronto se corriera la voz de que eran prometidos. En su nueva posición, sacó a su hija Beatriz Clara de aquel convento de clarisas en donde la habían enclaustrado.

Tanto Cusi Huarcay como su hija Beatriz Clara eran personajes importantes, miembros de la familia real del incario y respetadas también por los españoles, de modo que no era de recibo que dieran escándalo ni llevaran una vida desordenada y poco conveniente a personas bautizadas. Pareció una desvergüenza que la viuda del Inca viviera amancebada con un cristiano y que, además, se pensara en casar a la pequeña Beatriz Clara con un hermano del encomendero Arias Maldonado, de nombre Cristóbal Maldonado.

Volviendo algo atrás en la historia de Beatriz Clara, recordemos que su padre, el Inca Sairy Túpac, había renunciado al trono del incario, pero no así su medio hermano Titu Cusi Yupanqui, quien se hizo nombrar Inca por una facción de los indígenas; medio tío de Beatriz Clara por parte de padre, el rebelde caviló que un matrimonio con su sobrina le daría un plus de legitimidad y quizás la posibilidad de, juntos, rehacer el incario.

Para deshacer los planes de Titu Cusi, el virrey don Francisco de Toledo le ofreció que fuera su hijo Quispe Titu, de nueve años de edad, quien contrajese matrimonio con Beatriz Clara, de siete. A cambio, debería reconocer la autoridad de los españoles, sobre todo la del dicho virrey Toledo.

Beatriz Clara tenía, pues, dos pretendientes, el tal Maldonado y el candidato del virrey. Para asegurar su posición los Maldonado no tuvieron otra idea mejor que forzar a la joven —que por entonces vivía en su casa junto a su madre— y así asegurarse de que *debía* casarse con Cristóbal Maldonado, pues —argüían— el matrimonio ya había sido consumado. Pero el virrey no se dio por vencido, desterró a los Maldonado y la niña Beatriz Clara volvió al convento; en ausencia de aquellos, Cusi Huarcay se quedó con las hijas de su «prometido», Francisca Maldonado y Juana Maldonado, y para redondear la historia diremos que años después estas niñas casaron con Bernardo Fernández de Mesa y Miguel Merino de Lecona, respectivamente.

Para evitar nuevos escándalos a Cusi Huarcay la casaron con un hidalgo: Juan Fernández Coronel, con quien tuvo un hijo —Martín Fernández Coronel— y una hija —Melchora Sotomayor Coya—.

Retomando nuestra historia, que es la de Beatriz Clara, con vistas a su matrimonio con el joven Quispe Titu, este se hizo bautizar —o lo bautizaron— y seguidamente su padre, el rebelde Titu Cusi, ratificó (9 de julio de 1567) el Acuerdo de Acobamba por el que decidía poner fin a su rebeldía, pues si su hijo casaba con la heredera, afirmó, se daba por satisfecho. Pero el supuesto Inca trataba de ganar tiempo. El hecho de la violación era de todos conocido y comentado. Mientras tanto, el sedicioso, a pesar de haber firmado el tratado, nunca tuvo intenciones de respetarlo. Todo ello marcó la vida de Beatriz Clara y supuso un tremendo escándalo en la sociedad virreinal. La rebelión de Tito Cusi contra el virrey volvió al territorio y Beatriz Clara, una vez más, fue enviada al convento de las clarisas.

Cinco años tardó el virrey en dominar a los indígenas partidarios del autonombrado Inca Titu Cusi. Para entonces, la niña Beatriz Clara se había convertido en una adolescente, al decir de las gentes, muy hermosa. El virrey acordó otorgarla en matrimonio, y para ello buscó un marido de su agrado —del agrado de él, naturalmente—, y dio la mano de la ñusta a un capitán de su ejército, el héroe del momento, Martín García de Loyola. Este había apresado al último de los nobles indígenas que se había declarado Inca después de la muerte de Titu Cusi, un pariente suyo y, por tanto, de doña Beatriz Clara Coya —de hecho, era su tío—, de nombre Túpac Amaru.

El héroe escogido para esposo de la ñusta Beatriz, Martín García de Loyola, era de rancia estirpe y del linaje familiar del fundador de los jesuitas, san Ignacio de Loyola.

El compromiso fue celebrado a finales de 1572. Pero una maldición parecía perseguir a la princesa, y su castigo se presentó de nuevo en la figura del violador de antaño: Maldonado, que había regresado de España, revindicó la validez de su *matrimonio consumado* y exigía, además, la entrega de los bienes de su esposa. Mientras se solventaban los pleitos eclesiásticos, Beatriz fue obligada a volver al convento de las clarisas. La querella se prolongó hasta 1592, cuando por fin la Iglesia falló en contra de Maldonado y permitió el casamiento de Beatriz con don Martín.

La boda se llevó a cabo con gran lujo y boato aquel mismo año. Se unía una noble indígena, una princesa, con un noble español. Asistió toda la nobleza española afincada en el virreinato, así como el mismo virrey Toledo, quien como regalo confirmó el derecho de los esposos al repartimiento de Yucay, lo cual les convertía en personas enormemente ricas, pues el territorio había sido parte de las propiedades del Inca padre de Beatriz Clara.

Más tarde don Martín sería nombrado gobernador y capitán general de las provincias de Chile. Desgraciadamente, murió en 1596, en un ataque de los araucanos, y Beatriz quedó viuda con una criatura de corta edad: la niña Ana María Lorenza García Sayri Túpac de Loyola, nacida en Chile.

Tras quedarse viuda, la princesa Beatriz Clara decidió viajar a la Península, donde vivían los parientes de don Martín; con esta intención, desde Chile, madre e hija se dirigieron primeramente a Lima, pero no llegó el momento de embarcar como la ñusta Beatriz Clara había planeado, pues en marzo de 1600 una enfermedad se llevó la vida de la desdichada princesa. Tras una existencia llena de aventuras y desventuras, al fin no pudo conocer la patria de su esposo, don Martín. Antes de morir aún tuvo tiempo de testar, y el documento ha sido descubierto recientemente. Tras dejar varias mandas y encargar misas y pagos, dispone de lo restante para su hija Ana María. Incluimos el texto para el lector curioso[1].

La princesa fue enterrada en la iglesia de Santo Domingo de Lima. Su hija, Ana María de Loyola Coya, casaría con el tiempo con Juan Enríquez de Borja —hijo del marqués de Alcañices y pariente de san Francisco de Borja—, y en 1614 recibiría el título de marquesa de Santiago de Oropesa. De ella hablaremos en otra ocasión.

Bibliografía

BURNS, K.: «Gender and the Politics of Mestizaje: The Convent of Santa Clara in Cuzco, Peru», *The Hispanic American Historical Review*, 78, 1998, pp. 5-44.

HEMMING, J.: *The Conquest of the Incas*, Pan Macmillan, Londres, 1993.

MUTO. G. (dir.): *Estrategias culturales y circulación de la nueva nobleza en Europa (1570-1707)*, Doce Calles, Aranjuez (Madrid), 2015.

NOWACK, K.: «Como cristiano que soy. Testamentos de la elite indígena en el Perú del siglo XVI», *Indiana*, 1, 2006, pp. 51-77.

QUISPE-AGNOLI, R.: «Taking Possession of the New World: Powerful Female Agency of Early Colonial Accounts of Perú», *Legacy*, 28, 2011, pp. 257-289.

ROSTWOROWSKI, María Díez Canseco.: *Mujer y poder en los Andes Coloniales*, Instituto de Estudios Peruanos (IEP), Lima, 2015.

Notas

[1]   Transcribimos el testamento inédito de doña Beatriz Clara Coya de Loyola, hija del Inca Sayri Túpac, respetando la grafía original.

Testamentos de la coya da. Beatriz viuda de Mm Garcia de Loyola veza. (vecina) de la ciudad del Cuzco.

Su Cobdicilo esta a f. 385 deste rextro. y a f. 18 la cesion y poder en causa propia a dn. domingo del Garro pa. qe. se pagase la qe. le devia.

En el nombre de Dios todopoderoso y de la santísima virgen Maria nra. sa. (roto) dre suya cuya yntersecion y de los (roto) santos y santas de la corte del cielo llamo e ynboco y ansi mediante su fabor e ayuda sea notorio a los questa ca. (copia) de testamto. e 1 ultima voluntad vieren como yo la coya doña beatriz viuda muger que fui del governador martín gra. (García) de loyola caballero del abito del Calatraba my señor qe. sea en gloria hija ligitima que soy de don diego sayre topa ynga yupangui y de la coya doña maria cusí guarcay su hermana y ligitima muger difuntos que sean en gloria vecina de la ciudad del cuzco y al preste. (presente) Resydente en esta ciudad de los rreyes del piru estando enferma del cuerpo y sana de la vold. (voluntad) y en my juio. (juicio) y entendimyo. (entendimiento) natural y cunplida memoria tal qual dios nro. sseñor (Nuestro Señor) fue servido de me dar creyendo como firmamte. (firmemente) creo en todo lo que tiene y confiesa la santa yglesia Romana con la qual fee y crehencia e vibido e tengo de bibir y morir y ansi mediante la dha yntersecion Referida y debaxo del anparo della deseand salbar my anyma e ponella en verdadero camyno y carrera haciendo lo que todo (roto) cristiano debe hazer otorgo y conozco que hago y ordeno my testamto. y boluntad en la mana. sigte. (siguiente) primeramente encomiendo mi anima a dios q. la crio y Redimio con su preciossa sangre y el cuerpo a la tierra de q. fue formado yten mdo. q. si dios nro. sr. (mando que si Dios, Nuestro Señor) fuere servido de me llebar desta presente bida mi cuerpo sea enterrado en el monestro. del sr. santo domingo desta ciudad en la capilla mayor en el lugar que a mis albaceas le pareciere conforme a mi calidad

2 yten mando que aconpañen mi cuerpo el día de mi entierro el lean y ca-bildo de la sta. (santa) yglesia mayor desta ciudad con los curas y sacristanes della llebando cruz alta

3 yten mdo. qel. dia de mi entierro si fuere ora y sino otro dia siguiente se me diga una misa cantada con su biligia ofrendada de pan y vino y cera de cuerpo prete. (presente) y se de la limosna qes. costunbre

4 yten mando qel. día de mi entierro u otro sigte. (siguiente) se digan por los frayles del dho (dicho) convento de sr. sto. (señor santo) domingo todas las misas Recadas q. se pudieren decir por los sacerdotes de dho (dicho) conbento y se les de la limosna acostunbrada las quales misas se digan por mi anima

5 yten mando aconpañen mi cuerpo el día de mi entierro seis frayles de cada horden de las quatro mendigantes qestan (que están) esta ciudad de sto. domingo sn. franco. sn. agustin y la mrd (de santo domingo, san francisco, san agustín, y la merced)

6 yten mando que se digan por mi anima quatrocientas misas Recadas Re-partidas en los dhos (dichos) quatro monesterios suso Referidos y si fuere pusible se digan en los altares de anima y se le de la limosna acostunbrada

7 yten mando qel dia de mi enterramyto se bistan beynte y quatro yndios e yndias pobres de manta y camiseta los barones y las mujeres lliquilla y acxo qes. (que es) su bestido los quales lleben hachas encendidas el dho día delante de mi cuerpo como es costunbre

8 yten mando q aconpañen mi cuerpo el dia de mi entierro las cofradias de nra. sa. (Nuestra Señora) del Rosario el smo. (santísimo) sacramento la beracruz y sta. (santa) catalina de Sena y se les de la limosna acostunbrada.

9 yten mando se den de limosna de mis bienes ochocientos pesos corrientes de a nueve Reales Repartidos en esta manera/ cient ps. corrtes. (cien pesos corrientes) a la caridad/ otros ciento a la cofradía de los juramentos/ otras ciento al ospital de San diego/ otros ciento al ospital de San andres otros ciento al ospital de Santa ana otros ciento al ospital del espíritu sto. (Santo) otro sciento (seiscientos) al espital de San pedro y otros ciento a los pobres de las carceles desta ciudad y corte

10 yten mando a las mandas forçossas un pesso a cada una con q. las aparto de mis bienes

11 yten mando quiero y es mi voluntad que de mis bienes y hazienda se le den y paguen a mi hrna. (hermana) doña melchora de sotomayor questa en mi

compañia diez mill pesos ensayados para ayuda de su Remedio esto cabiendo en el quinto de mis bienes ques lo q. conforme a dro. (derecho) puedo mandar lo qual le mdo. (mando) cunplido el funeral y en aquella bia y forma que mas y mejor puedo y a lugar de dro. pa. ella y pa. (derecho para ella y para) sus herederos e quien ella quissiere sin obligaon. (obligación) ni gravamen ninguno y no cabiendo esta dicha manda en el dho. (dicho) quinto le mando todo aquello q. hecha la quenta cupiere en el dho. (dicho) quinto como dho. (dicho) es

12 yten declaro q. yo tengo en mi cassa una donzella q. la crie en ella desde que nacio llamada doña beatris velez a la qual mando se le den de mis bienes dos mili pesos ensayados los quales mando se le den y paguen a la suso dha. (susodicha) por el mucho y buen servio. (servicio) q. me a hecho y declaro serle deudora dellos

13 yten declaro que ansi mesmo tengo en mi cassa y servicio a catalina abad donzella que a muchos años que me sirve y a servido muy bien desde q. tiene uso de Razon pa. en pago de lo qual mando q. se le den de mis bienes un mili y quitos. (quinientos) pesos ensayados questos declaro serle deudora dellos por el servio. (servicio) q. me a hecho

14 yten declaro que tengo en mi casa a doña ysabel de Sosa la qual me a servido tiempo de quatro años y me a criado a mi hija doña ana maria de loyola por el qual serbicio y crianca q. le a hecho mando se le den y paguen de mis bienes un mili y quitos. (quinientos) pesos de plata ensayada esto por la bia de deuda por q. si obiesse de pagar el dho. (dicho) servio. (servicio) y crianca no se les paga con la dha. (dicha) cantidad por ser mujer prencipal

15 yten declaro q. yo tengo en mi casa y servicio tres donzellas llamadas franca. de herrera/ doña ana curita doña Catalina de sossa las quales me an servido y por el servio. (servicio) que me an hecho les mando se le den y paguen de mis bienes a cada una dellas quinientos pesos corrientes pa. (para) ayuda a su casamyto. (casamiento) y tomar estado

16 yten declaro que yo tengo en mi casa otra niña pequeña llamada doña leonor de loyola ques sobrina del governador martín garcia de loyola mi sor. qes. (señor que está) en el cielo mando q. la dha. (dicha) niña se crie y este con mi hija doña ana maría de loyola su prima a la qual mando la tenga en su compañia y la sustente y haga con ella como compañia suya y su sangre

17 yten declaro q. yo tengo en mi servicio por mi paje a don franco. (francisco) ponze de leon el qual me a servido tiempo de siete años mando q. se le den en pago del dho. (dicho) servicio de mis bienes quinientos pesos corrtes. (corrientes) de a nueve Reales

18 yten declara q. yo fuí cassada y belada segun horden de la Sta. madre 19 yglesia de rroma con martin garcia de loyola caballero del avito de calatrava gobernador q. fue del Reyno de chile mi sr. que este en el cielo y durante nro. (nuestro) matrimonio obimos y proqueamos por nra. (nuestra) hija legitima

a doña ana maria de loyola q. sera de edad de quatro años poco mas o menos declarola por tal nra. (nuestra) hija ligitima y heredera

19 yten declaro q. por quanto a mi me an servido algunos yndios y otras personas en este Reyno de que no puedo tener ni tengo memoria y pa. (para) descargo de mi conciencia mando que se digan en el monasterio de señor santo domingo desta ciudad quinientas misas Recadas por las animas de las tales personas a quien soy a cargo del dicho servicio de q. no tengo al preste memoria

20 yten declaro q. tengo por mis bienes honze mill y quatrocientos y quarenta pesos de oro q. el governador martin garcia de loyola mi sr. (señor) enbio a esta ciudad del Reyno de chile consignados a domingo de garro pa. q. (para que) el los enbiasse a los reynos despaña a domingo de herasso a quien el dho. (dicho) gobernador los enbiava y el dho. (dicho) domingo de garro los enbio a españa guardando el horden del dho. (dicho) governador los quales dhos.(dichos) pesos Recivio el dho. (domingo) domingo de heraso de lope de munibe q. los llevo y el dho. (dicho) domingo de heraso los bolvio a dejar en poder del dho. (dicho) lope de munibe como parecera por los Recaudos y claridad q. dello dara el dho.(dicho) domingo de garro de los quales dhos. (dichos) pesos yo tengo dado poder en causa propia a el dho. (dicho) domingo de garro para q. cobre dellos y se haga pago de toda la cantidad de pesos de oro e plata q. yo le devo ansi por el dho. (dicho) gobernador mi sr. a quien se los abia prestado como la cantidad de pesos que por mi a pagado a diferentes personas y dineros q. me a dado pa. (para) mi gasto y sustento q. si no fuera por el no me obiera sustentado yo y mi hija casa y familia y aprobando el dho. (dicho) poder y declaron. (declaración) otorgada ante el preste. (presente) escrivo. mando que se le pague a el suso dho. (susodicho) domingo de garro todo aquello quel dixere le devo por que del tengo entera satisfacion que no pedira mas de lo q. se le deve lo qual declaro por deuda liquida preferida a todas las demas por aver sido pa. (para) mi sustento sin q. tenga el dho. (dicho) comendador domingo de garro nescesidad de hazer diligencia ninguna pa. (para) probar la dha. (dicha) deuda sino q. solo baste pa.(para) pagarselo su pedimiento simple porque todo lo fio de su xpiandad y de las muchas y buenas obras q. siempre me a hecho como persona q. save todos mis negocios y si es nescesario en su favor otorgo contrato executibo con las solenidades nescesarias

21 yten declaro q. yo tengo anssi mesmo por bienes mios lo que paresciere pertenecerme de los dos mil ducados de renta qestan sobre las sedas de granada con los Reditos que de muchos años aca no se an cobrado de q. dara claridad el dho. (dicho) domingo de garro mdo. (mando) q. se cobre lo q. se me debiere

22 yten declaro q. tengo por mis bienes lo q. me pertensciere por la herencia de mi madre sobre que ay partission entre los herederos mdo. q. (mando que) se cobre lo q. se me debiere

23 yten declaro Por mis bienes un obraje y guertas y molino y las demas tierras en el balle de urubanba q. se llama quispe guanca distrito del cuzco qestos bienes los poseo y herede de mi padre y abuelos de parte de padre por la qual Razon quiero y es mi boluntad questo no se benda jamas sino que siempre este en pie por posesion pa. (para) mi hija en memoria de mi linaje y antiguedad del

24 yten declaro que ansi mesmo tengo por mis bienes el Repartimyto. (repartimiento) de pucara yucay xaquixaguana y los demas ynclusos en los dhos. (dichos) Repartimientos q. rrentan la cantidad de pesos q. parecera por la tassa de los dhos. Repartimientos de que tiene claridad el comendador domingo de garro en los quales yndios y rrepartimientos sucede la dha. (dicha) mi hija doña ana ma. (María) de loyola.

25 yten declaro q. yo deje en chile en poder de alejandre de candia mercader cantidad de plata labrada Ropa escritorios sillas de tropelo. (terciopelo) y otras cosas de balor a el qual se le deben sobre lo suso dho. (susodicho) cerca de mill pesos en oro mdo. q. (mando que) se le pague y todas las dhas. (dichas) cosas se traygan a esta ciudad y se bendan por mis bienes

26 yten declaro q. tengo por mis bienes demas de los suso dhos. los sigtes. (susodichos los siguientes) una negra nonbrada ma. (María) bran.(¿?)

27 con tres hijos suyos nonbrados maria onofre y sebastian

28 un negro nonbrado mateo

29 una negra nonbrada maria marta q. tiene dos hijos nonmbrados margarita y hernando

30 yten otro negro que se quedo en chile llamado Rafael

31 yten declaro q. tengo por mis bienes una cadena de oro y una cesta de plata y una joya colgada de la cadena con una sarta de perlas q. todo esta en poder de Joan ochoa de apalleva todo enpeñado en cantidad de seiscientos pesos escasos mdo. (mando) se le paguen y se cobren las dhas.(dichas) preseas

32 yten declaro q. yo dexe enpeñado en el cuzco en poder de Juan de Rodas mercader un pomo de oro con Rubies y diamantes enpeñado en ciento y cincuenta pesos. poco mas o menos mando q. se le paguen y se (re)cobre la Joya

33 yten declaro q. en poder de los oficiales Reales del cuzco tengo cantidad de botones de oro y una sarta de perlas con una cruz de perlas netas enpeñadas en lo q. pareciere por los libros Reales mdo. q.(mando que) se saquen y se paguen lo q. se debiere por los dhos. (dichos) libros rreales

34 yten declaro q. yo dexe en el cuzco en poder de san Joan de loyola un agua manie (aguamanil) de plata q. era del san Joan de loyola mdo. q. (mando que) se (re)cobre

35 yten declaro q. yo devo aquello q. pareciere por escrituras y cedulas y otros Recaudos que de todo ello tiene mema. el comendad0r domingo de garro mando q. todo lo q. pareciere dever se pague

36 yten mando q. se paguen a diego nuñez de figueroa dos paños de narices guarnecidos el uno de oro y el otro de aljofar q. le dio a el gobernador mi señor para mi mando q. por ellos se le paguen cien pesos q. me parece q. podrian baler

37 yten declaro q. yo tengo en mi cassa y servicio a marina de leon mas a de ocho años mando q. por el servio. que me a hecho se le den y paguen de mis bienes un mili ps. (pesos) corrientes de a nueve Reales

38 yten declaro q. San Joan de loyola vzo. del cuzco tuvo poder del gober-nador mi señor y en virtud del a mucho tiempo que a cobrado y administrado mis haziendas y tributos mando q. se le tome quenta de todo lo q. fuere a su cargo y lo q. debiere el suso dho.(dicho) se cobre del y se haga esto por mis albaceas con mucho cuydado y diligencia conforme a la provison. q. enbiado a el cuzco pa. ello

39 yten nonbro y dejo por tutor y curador de la persona y bienes de la dha. doña ana ma. (María) de loyola mi hija y del dho. (dicho) gobernador martin garcia de loyola mi señor a domingo de garro caballero del avito de sr. sant (del señor san) esteban vzo. (vecino) desta ciudad de los Reyes a el qual Ruego y pido por mrd. (merced) acete el dho. cargo de tal tutor y curador y lo haga con ella como yo confio de su mucha xpiandad y de la mucha y buena amistad q. siempre ansi en vida como en muerte a tenido con el govor. (gobernador) martin garcia de loyola mi sor. (señor) y con sus cosas y pido a las justicias de su magd. (majestad) le desciernan el tal cargo

40 yten declaro que antes que el dho.(dicho) comendador martin garcia de loyola mi sor (señor) e yo tubiessemos la dha. nra. (dicha nuestra) hija hizimos Boto y promessa de que si dios nro. sr. (Nustro Señor) fuese servido de nos dar hijos si fuese Baron fuese frayle y si fuese henbra fuese monjay para questo tenga efeto si dios nro. sr. (Nuestro Señor) fuere dello servido quiero y es mi boluntad que el dho. (dicho) domingo de garro su tutor y curador si dios nro. sr. (nuestro Señor) fuere servido de llebarme desta enfermedad la meta en uno de los conbentos de monjas desta ciudad el que le pareciere donde se crie y dotrine hasta q. tenga edad y se le diga quando tenga uso de rrazon pa.(para) que a ella le conste de la boluntad de sus padres y ella escoja el estado que le pareciere mejor y le di(c)tare su voluntad

41 y para cumplir y pagar este mi testamto. (testamento) mandas y legados en el qdos.(contenidos) dexo y nonbro por mis albaceas y testamentarios a el dho. (dicho) domingo de garro y a el padre maestro fray Jun. de lorencana prior del conbento de sr. sto. (señor santo) domingo desta ciudad y fray diego gorbalan de la dha. (dicha) horden de sto. (santo) domingo a todos juntos y a cada uno ynsolidun y a el dho. (dicho) domingo de garro por tenedor de Bienes a los quales doy poder y facultad pa. q. (para que) entren en mis bienes y los Resciban y cobren e vendan en almoneda o fuera della como les pare-

ciere sin q. se le tome mas quta. (quenta, cuenta) de aquella q. el dho. (dicho) domingo de garro diere el qual dho. (dicho) poder les doy con libre y jenal. administracion e cumplido e pagado este mi testamento mandas y legados en el contenidas dexo y nonbro por mi unibersal heredera en el rremaniente que quedare a la dha. (dicha) doña ana maria de loyola mi hija y del dho. govor. (dicho gobernador) martín garcía de loyola mi señor y marido la qual quiero y es mí boluntad q. los herede con la bendicion de dios y mía e Reboco y anulo e doy por ninguno y de ningun balor y efeto todos y qualesqer. testamtos. (cualesquiera testmentos) mandas y codicilios que antes deste aya fecho y otorgado porque quiero que no balgan ni hagan fe en Juio. ni fuera del/ salvo este que aora hago y otorgo porq. este quiero q. balga por mi ultima voluntad en testyo.(testimonio) de lo qual otorgue la preste. carta ante escrivo. (escribiente) della en la ciudad de los rreyes en tres días del mes de março de mill y seiscientos años y la otorgante a quien yo el preste. escrivo.(escribinte) puo. doy fe q. conozco lo firmo de su nme. (nombre) siendo prestes. (presentes) por testigos Baltasar de lete esteban de loyola y francisco de aguilera y Juan albarez don pedro de baldivia rresidentes en esta ciudad.

Firmado: la coya doña beatriz.-Passo ante my. Jun. de mendieta.
Scrivo. puco. dros. 20 rls.

Matrimonio de Francisca Pizarro (1534-1598) con su tío Hernando Pizarro (1504-1580). Hija de Francisco Pizarro (1478-1542) y de la princesa Quispe Sisa (1518-1575), bautizada esta última como Inés Huaylas

En el lugar de Cajamarca, el cautivo inca Atahualpa le ofreció a Pizarro a una de sus hermanas como presente, y el trujillano la aceptó por la alta alcurnia de la mujer y seguramente por los beneficios que podía sacar de esa unión. El nombre de esta señora era Quispe Sisa, hija del fallecido Huayna Cápac y por tanto hermana de Huáscar y Atahualpa. En cuanto a la madre de Quispe Sisa, no hay consenso: según unos, fue la princesa Paccha Duchicela, Shyri XVI del Reino de Quito, y según otras fuentes, Contarhuacho, quien, a su vez, era hija de Pomapacha, noble curaca de Hanan Huaylas. Fuese quien fuese la madre de la joven Quispe Sisa, era noble en el incario

Huayna Cápac fue el último gran mandatario del incario —duodécimo Inca— antes de la disputa entre sus hijos Huáscar y Atahualpa por heredar aquellos inmensos dominios, pero en esa parte de la historia no entraremos. En todo caso, el de Trujillo, Francisco Pizarro, casó con la princesa por el rito inca, tras el bautizo de la noble ñusta, que —como queda dicho— recibió el nombre de Inés Huaylas Yupanqui; Inés porque era el nombre preferido del conquistador, Huaylas era la región de su madre y Yupanqui en honor a su padre.

En diciembre de 1534, nació la primera hija, nuestra Francisca. A finales del año siguiente, Inés tuvo otro hijo, Gonzalo, que murió muy joven, en 1544.

El conquistador tuvo algunos hijos, legítimos e ilegítimos, pero deseó lo mejor para todos ellos, y de estos habidos con la esposa india, doña Inés Huaylas, no solo cultivó al niño, Gonzalo, sino también a doña Francisca; a ambos impartió una educación elevada y además logró su legitimación, es decir, que ante la ley se borrase su origen y a todos los efectos fuesen hijos legítimos del conquistador y la madre. Con ciertos requisitos era posible proceder a ello. Sobre todo, era necesario que, aunque los padres no hubiesen estado casados por la Iglesia al tiempo de la concepción de ambos retoños, uno y otra hubieran estado solteros. Dada la importancia del conquistador, fue el emperador Carlos V —solo reyes, emperadores y papas podían hacerlo— quien, por Real Cédula del 12 de octubre 1537, legitimó a estos dos niños, hijos del hombre que le había dado un gran imperio.

No será vano explicar, para comprender su importancia, el caso de las legitimaciones, ya que no siempre, ni aun por el rey, el emperador o el papa, era posible hacerlo con la prole habida fuera de matrimonio. En ningún caso se podían legitimar los hijos adulterinos, los que eran fruto del incesto, los hijos sacrílegos y los mánceres[1]; para ser posible sujeto de legitimación, el hijo (o hija) había ser reconocido por el padre, al tiempo de la concepción y, recalcamos, ambos progenitores debían ser solteros sin impedimento para casarse. El padre tenía que solicitarlo en las altas instancias —si podía llegar a ellas— e insistir mucho. Se llegaba a buen fin en relación directa al linaje y estatuto —nobiliario— del padre, su posición social, los servicios prestados a la Corona o a la Iglesia, y por fin su potestad para poder presionar en los lugares adecuados. Francisco Pizarro legitimó a todos sus hijos, los amó y los educó como príncipes: blancos o mestizos, todos fueron hijos bienamados.

La tradición dice que don Francisco, mientras vivió, trató a su mujer indígena Quispe Sisa-Inés Huaylas con todo el respeto y los miramientos debidos a una esposa legítima y, en palabras de César Cervera —coautor de *La España Imperial*—, «con total cordialidad y [...] la relación parecía consolidada, tanto por razones afectivas como políticas».

Por razones desconocidas[2], a pesar de todo el matrimonio no prosperó, y poco después ambos se separaron y contrajeron nuevas nupcias:

Francisco Pizarro con otra princesa inca, la ñusta Angelina Yupanqui, a la que ya nos hemos referido, también hermana de Atahualpa, y Quispe Sisa-Inés con el conquistador Francisco de Ampuero, esta vez por la Iglesia.

También con esta segunda esposa, doña Angelina, con la que convivió desde 1538 hasta 1541, tuvo hijos Pizarro: Francisco y Juan, que murió siendo niño. Don Francisco, el mayor, llegó a España en 1551, vivió en el castillo de la Mota con su familia, lugar donde conoció a su futura esposa, doña Inés Pizarro —hija de Gonzalo el Mozo—, y murió sin sucesión el 31 de marzo de 1557. Angelina, su viuda, se volvió a casar con Juan de Betanzos.

En general, y al parecer de un observador casual, Pizarro fue generoso con su exesposa Quispe Sisa-Inés Huaylas y su nueva pareja, Francisco de Ampuero, pero en su fuero interno no estuvo satisfecho; Pizarro entregó a los desposados la encomienda de Chaclla y nombró a Ampuero regidor de Lima. Por otro lado, por sus órdenes directas sus dos hijos habidos con la ñusta, Francisca y Gonzalo, pasaron a la tutela de su cuñada Inés Muñoz. Según explicó Pizarro, de esta manera recibirían mejor educación y serían cristianos de corazón. De modo que los hermanos fueron llevados a la incipiente corte de la Ciudad de los Reyes (Lima) bajo el amparo de su padre y de sus parientes y de su entorno más cercano.

Eran tiempos tumultuosos y, desgraciadamente, Pizarro pereció asesinado por su colega, el hijo del también conquistador y antaño amigo Diego de Almagro, conocido como el Mozo[3] para distinguirlo de su padre. A la muerte de Pizarro corría el año de 1541, por lo que doña Francisca apenas contaba siete años; sesenta y cinco tenía Pizarro cuando murió asesinado con más de veinte heridas de espada. Los autores del asesinato obligaron a las autoridades a nombrar gobernador de Lima a Diego de Almagro mientras Pizarro era enterrado sigilosamente en el suelo de la catedral.

Tal vez la joven Francisca también hubiese perdido la vida de no haber sido por la cuñada del conquistador, la mencionada doña Inés

Muñoz, quien la llevó, junto con el pequeño Gonzalo, a un lugar a salvo, lejos de las intrigas de la Ciudad de los Reyes. Es de anotarse que el marido de doña Inés Muñoz había muerto igualmente en el atentado perpetrado por el Mozo, por lo que la viuda también abrigaba sus temores, razón por la que, prudentemente, se alejó de Lima y del poder y sus peligros.

En todo caso, para entonces ya era fama la buena educación recibida por Francisca, pues aún tan joven, con tan solo 7 años, ya sabía de letras, música y arte. Era la niña mestiza más afamada y refinada del Perú, también la más deseada para entroncar con su linaje, no en vano era legítima descendiente de Francisco Pizarro y la princesa Inés Huaylas, y heredaría no solo los títulos sino también los bienes y territorios de sus padres.

El conflicto entre almagristas y pizarristas que había causado el alejamiento de la joven de la Ciudad de los Reyes duró mucho tiempo; en Quito los pizarristas se agruparon alrededor de Cristóbal Vaca de Castro, un enviado del emperador Carlos para que pusiera orden y retrajese la legalidad en los cargos, y no fue hasta la derrota de los almagristas, con la muerte de Diego de Almagro el Mozo en 1542, en la batalla de Chupas, cuando Francisca pudo volver a Lima. La desgracia quiso que a poco de la llegada de los niños a Lima falleciese el hermano pequeño, Gonzalo, dejando a Francisca como única y legítima heredera de todo el poder y la riqueza del conquistador y la hermana del Inca.

En tiempos tan borrascosos, cuando la historia se precipitaba sobre los individuos, además de posición, riqueza y linaje, era preciso contar con un brazo fuerte, masculino y enérgico, capaz de tomar sobre sí la defensa de los intereses en juego. Para Francisca este brazo fue el de su tío, don Gonzalo Pizarro, quien se ocupó, bien que desde la distancia, de que su sobrina recibiese todo cuanto fuera preciso para completar una exquisita educación.

Por entonces, el gran poder de los encomenderos suscitó un problema en las tierras de allende los mares, pues la riqueza de estos empezó a emparejarse con el poder civil. Atenta la Corona a esta deriva, intentó recobrar esos territorios que conferían tanto poderío a los hombres de tan lejanas latitudes. Gonzalo Pizarro, uno de los encomenderos con más riquezas, ante el pensamiento de tener que retrotraer sus posesiones, se sublevó y, para aumentar su poder y su prestigio, llegó a pensar en matrimoniar con su sobrina Francisca. Con ello planteaba la perspectiva de una dinastía real autóctona encajada en el incario a través de la joven, así que, tras hacer pasear el cadáver del virrey Núñez Vela por las calles de Lima, decidió casarse con la hermosa joven —ya con 12 años— e hizo pública su intención. Esta atrevida decisión ya había sido sospechada como una posibilidad en el Consejo de Indias. A la nueva pareja no le faltaba de nada: posición, prestigio y dinero. El asunto era grave y había que actuar con la máxima presteza.

El emperador Carlos, que ya había sopesado esta posibilidad de parte de Gonzalo Pizarro, había tomado sus precauciones y, por ello, previsoramente, envió a sus emisarios ante el papa Paulo III, para que, si el caso se daba, el pontífice no otorgara la preceptiva autorización para una boda consanguínea entre Francisca Pizarro y Gonzalo Pizarro, su tío carnal. Al no autorizar el papa el casamiento y tacharlo de contubernio, todo el plan se vino abajo. Gonzalo, sin opciones de perpetuarse en el poder como monarca, el 9 de abril de 1548 fue tomado preso y al día siguiente ajusticiado.

Por órdenes del rey al virrey Lagasca, la joven Francisca fue embarcada con destino a la Península, se trataba de evitar que, por fuerza o de buena gana, la princesa se viese otra vez comprometida en tales juegos de poder; apenas era una adolescente incapaz de medir el alcance de tales decisiones, o al menos eso se creía. En todo caso, a la princesa se le privó de muchos de sus territorios antes de asegurar su partida, pero se le permitió llevar consigo su ingente fortuna, sus joyas, aderezos, etc. No partió sola en este viaje, con ella iba su hermanastro, hijo de su padre con su segunda esposa, Angelina Yupanqui. En realidad, el viaje a España era un destierro disfrazado de gentil invitación real.

Los jóvenes embarcaron en el puerto del Callao mediado el mes de abril del año de 1551, en una nave capitaneada por Bartolomé de Maya, y, tras hacer aguada en Guañape, Chimbote y Paita, a finales de abril o principios de mayo llegaron a Panamá. En el lugar conocido por Nombre de Dios los viajeros esperaron que por allí pasara un barco que zarpase rumbo a la Península. Pronto sus deseos se vieron cumplidos: el maestre vizcaíno Martín de Iguarrola partía con su galeón hacia Sevilla. Con la ayuda de Dios y de buen viento llegaron los hijos de Pizarro a Sevilla a fines de julio de dicho año de 1551.

Llegados a Sevilla, los hermanos no pudieron evitar su admiración ante el espectáculo de la ciudad bullendo de gente, sus comercios y calles atestadas de damas y caballeros. Antes de presentarse en la corte fueron a Trujillo, hogar de sus antepasados españoles, tras hacer acopio de todo lo que Sevilla podía ofrecer en telas, adornos, perfumes, carruajes y demás objetos que hacen agradable la vida.

El destino deparaba otra aventura a la adolescente Francisca, pues su tío Hernando Pizarro (1504-1580) había sido encarcelado por el asunto del Perú, la muerte de Alvarado a mano de los pizarristas. Hernando, recluido primero en el alcázar de Madrid y luego en el castillo de la Mota, en Medina del Campo, provincia de Valladolid —donde permanecería durante veinte años, hasta 1561—, pidió que su sobrina pudiese visitarle, cosa que se le concedió. Tan buena impresión causó su tío en la joven que en 1554 ambos contrajeron matrimonio. Durante nueve años ella se avino a vivir en prisión voluntaria con su marido, hasta que Hernando fue puesto en libertad, entonces se trasladaron a Trujillo con los tres hijos nacidos durante el matrimonio —otros dos habían muerto—. Eran descendientes de dos razas ardientes, eran criollos. La línea de descendencia de Hernando y su sobrina hoy ha desaparecido.

La diferencia de edad era de 28 años, algo que no parece haber sido óbice para sus amores. Cuando el preso abandonó la cárcel vivieron en una magnífica mansión ricamente acondicionada, donde convivían en un supuesto arresto domiciliario; parece ser que entre ellos hubo siempre amor verdadero. Fallecido Hernán, la viuda era joven y según se dice hermosa, además de rica y de preclaro linaje, así que no le faltaron admiradores. Sin duda, enormemente rica, pues Hernán había pleiteado con la Corona y conseguido ganar algunos de estos juicios, lo que significó un gran caudal para Francisca.

En 1580 casó en segundas nupcias con don Pedro de Arias y Portocarrero, hijo de los condes de Puñonrostro, con el que se fue a vivir a Madrid. Dícese que los Puñonrostro estaba arruinados y que la princesa escogió al marido más joven que ella, el cual tenía ambiciones políticas; ella había de ayudarle con su dinero y él la introduciría en la corte madrileña. Una vez más esta unión parece haber sido feliz, al menos eso aseveran los que sobre ellos escribieron sin contradicción alguna. En Madrid, la hija de Pizarro llevó la vida de lujo y boato que al parecer había añorado, y no solo eso, sino que los esposos conocieron una intensa vida social.

Ella bien podía gastar no solo su dinero, el que venía de la herencia de su padre, Francisco Pizarro, y de su madre, la ñusta Inés Huaylas, sino también el heredado de su esposo Hernando Pizarro, el cual, como dijimos, había ganado algunos pleitos a la Corona. Todo aquello en su conjunto se tradujo en una riqueza casi incalculable.

Tras haber esperado largo tiempo el desenlace de las demandas y controversias, en sus últimos años a doña Francisca le llegó el momento de gozar de todo lo que la riqueza y la posición social podían ofrecerle, y no desdeñó nada de lo que la más refinada aristocracia y el fausto y el boato proporcionaban. Hacia el final de sus días, no obstante, tanto lujo y dispendio hizo que su enorme fortuna disminuyera entre tanta cacería, fiesta, magnificencia y generosidad, porque además de su vida social protegió muchas actividades caritativas y patrocinó a órdenes religiosas y construcciones que han perdurado hasta nuestros días.

No es este el lugar de enumerar sus obras, pero anotaremos que es a doña Francisca a quien debemos la edificación del llamado palacio de la Conquista[4], sito en la Plaza Mayor de Trujillo. Asimismo, se implicó en la construcción de la catedral de Lima, obras ambas grandiosas. Ella fue la primera representante de la nueva nobleza mestiza. Era una mujer inteligente, distinguida, generosa, con una educación exquisita y, a lo que parecía entonces, también tenía un trasfondo misterioso y exótico. La hija nacida de la unión del conquistador y la princesa india murió en 1598.

Bibliografía

LÓPEZ ROL, María Luisa: *Doña Francisca Pizarro Yupanqui en el Archivo de Protocolos de Trujillo*, Obra Pía de los Pizarro, Badajoz, 2014.

ROSTWOROWSKI, María de Díez Canseco: *Doña Francisca Pizarro: una ilustre mestiza 1534-1598*, Instituto de Estudios Peruanos (IEP), Lima, 1994.

Notas

[1] Hijos ADULTERINOS, los procedentes de adulterio. Su definición está en el Código de las Partidas: «…adulterio es yerro que home fase a sabiendas yaciendo con mujer casada e desposada con otro…». Nunca podrían ser legitimados, en palabras de hoy, «legalizados». En el rango de la descendencia ilegítima ocuparían el último lugar y tendrían la peor consideración. En cuanto a los HIJOS INCESTUOSOS, digamos que el concepto de unión incestuosa aparece recogido en el Fuero Real y en el de Soria: «…el casamiento entre personas unidas por parentesco en grado prohibido por la Iglesia resulta nulo». En este caso, los transgresores deberían ingresar en un convento. Gravemente incestuosa era la unión con la mujer del padre o con su concubina, y se castigaba con las penas establecidas para traición y alevosía. Estos hijos tampoco podían ser legalizados ni podían heredar, «Ca estos atales no son dignos de ser llamados fijos porque son engendrados en grand pecado (Partidas/,181)». Los HIJOS SACRÍLEGOS, los nacidos de personas consagradas, tampoco podían abandonar el estado eclesiástico para contraer matrimonio. Si era hombre, sería excomulgado y, si mujer, devuelta a su monasterio. Los hijos sacrílegos no podían heredar: «El hijo de clérigo *in sacris*, o de fraile o de freile o de monja profesos, no puede suceder por testamento ni *abintestato* a su padre ni a su madre ni a sus parientes paternos o maternos, ni tampoco haber de unos ni de otros cosa alguna por vía de manda, donación o contrato»: leyes 4.ª y 5.ª, tít. 20, lib. 10, Novísima Recopilación. Finalmente, hablaremos de los HIJOS MÁNCERES, los que provienen de la vida promiscua y disoluta de la madre, es decir, son fruto de la llamada «mujer pública». Tampoco pueden ser legitimados, pues nunca se

conoce al padre. En cambio, puede heredar de su madre, no de un padre, que siempre sería «supuesto».

2 Se dice que cuando Manco Inca se subleva en el Cuzco en 1536, ella fue acusada de proporcionar información a los indígenas y de haber querido huir con cofres llenos de oro y plata. A raíz de esto es cuando parecen surgir desavenencias entre ella y Pizarro, lo que finalmente los llevó a la separación.

3 Nacido en Panamá en 1518, hijo ilegítimo de Diego de Almagro y de la india Ana Martínez. Muerto en Cuzco 1542.

4 El palacio de la Conquista es muestra del estilo renacentista que dominaba en el siglo XVI. Exterior e interior ofrecen lo más característico de esta arquitectura, junto a algunas licencias en los elementos decorativos, propios de Italia o de los palacios indígenas de los incas. Esta casa señorial era una muestra del poder y la riqueza de los primeros conquistadores y de sus descendientes mestizos, los «indianos».

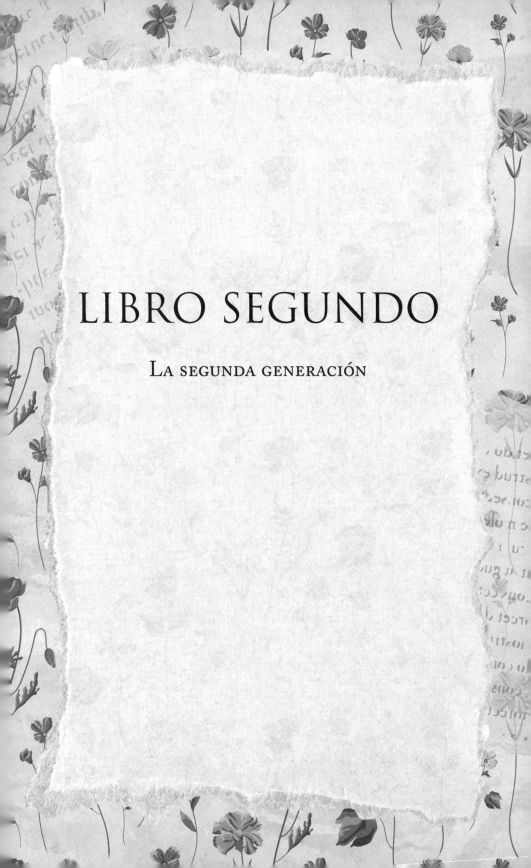

LIBRO SEGUNDO

La segunda generación

… ninguno se ocupaba de escribir nada de lo que pasaba. Y que el tiempo consume la memoria de las cosas de tal manera, que si no es por rastros y vías exquisitas, en lo venidero no se sabe con verdadera noticia lo que pasó.

La segunda, considerando que, pues nosotros y estos indios todos, traemos origen de nuestros antiguos padres Adán y Eva, y que por todos los hombres el Hijo de Dios descendió de los cielos a la tierra, y vestido de nuestra humanidad recibió cruel muerte de cruz para nos redimir y hacer libres del poder del demonio, el cual demonio tenía estas gentes, por la permisión de Dios, opresas y captivas tantos tiempos había, era justo que por el mundo se supiese en qué manera tanta multitud de gentes como destos indios había fue reducida al gremio de la santa madre Iglesia con trabajo de españoles; que fue tanto, que otra nación alguna de todo el universo no los pudiera sufrir. Y así los eligió Dios para una cosa tan grande más que a otra nación alguna. Y también porque en los tiempos que han de venir se conozca lo mucho que ampliaron la corona real de Castilla.

PEDRO CIEZA DE LEÓN
(Llerena, Badajoz, c. 1521 - Sevilla, 2 de julio de 1554)
Cronista de la Conquista del Perú, que entonces comprendía
parte de la actual Colombia y el Ecuador.

Segunda generación: hijos de conquistadores y nobles indígenas. Sus matrimonios y su consideración social allende los mares y en la Península

Tal y como hemos venido diciendo, los matrimonios mixtos no solo fueron permitidos sino bendecidos y promovidos por la Corona y por la Iglesia, si bien por diferentes razones. La primera generación fue la del matrimonio entre indígenas y españoles, los hijos habidos de estas uniones fueron los primeros de una nueva raza. Hemos hablado casi siempre de bodas o uniones entre nobles conquistadores y fundadores de ciudades y princesas, ñustas y coyas, no de gente del común, y no porque entre estos últimos no se celebrasen, pues la mayoría de las mujeres al alcance de los soldados y miembros de la pequeña administración eran, naturalmente, nativas de la tierra, y con ellas se casaron los llegados desde la Península que no aspiraban a princesas ni emperatrices viudas. El español en ultramar, en todas sus colonizaciones, casó sin problemas con ellas y con ellas tuvo hijos que fueron considerados tan españoles como su padre.

Hemos de recordar que estos matrimonios del común se celebraron en nuestra historia por cientos y aun miles. No se relata su existencia ni su devenir, pues los protagonistas no dejaron rastro de sus vidas, tal como ocurre hoy con el pueblo llano, cuyas bodas quedan ignoradas para la historia. No podemos seguir el desarrollo vital de parejas mixtas de origen humilde y su descendencia, pues por lo general estas personas no han dejado testimonios fidedignos —documentación fehaciente y creíble— del éxito o fracaso de su unión, así que nos ceñiremos a los datos y descendencia de la nobleza indígena-española, y veremos cómo tanto una como otra fueron respetadas y consideradas como nobles de Castilla con todos sus derechos y exenciones que por ley y tradición eran de uso y costumbre. Es regla general, como veremos, que estos hijos de indígenas fuesen admitidos como iguales, y casados con la más alta nobleza peninsular, fuesen mujeres o varones, los hijos cobrizos, nuevos hermanos de los peninsulares, como dice el cronista...

> pues nosotros y estos indios todos, traemos origen de nuestros antiguos padres Adán y Eva, y que por todos los hombres el Hijo de Dios descendió de los cielos a la tierra, y vestido de nuestra humanidad recibió cruel muerte de cruz para nos redimir. Hijos todos de Adán y Eva.

Con quién casaron los hijos mestizos, criollos o castizos

Hasta ahora hemos repasado algunos de los matrimonios mixtos cuyos hijos fueron, naturalmente, mestizos, llamados también criollos; muy pronto, a los nacidos fuera de la Península se los nombró criollos, ya sin hacer distinción con los mestizos. Los criollos eran o blancos o cobrizos, o una mezcla de ambos, y también recibieron otro nombre que aún hoy usamos: «castizos», palabra que es sinónimo de 'natural', 'auténtico' y 'genuino'; según la RAE, en su primera acepción es un adjetivo que significa 'De buen origen y casta'.

Tal vez se podría decir que los conquistadores se casaron con las nativas, princesas o no, a falta de otras mujeres españolas, y que los hijos habidos de estos matrimonios mixtos serían «media-sangre», como los califican hoy en día sus propios conciudadanos. Nos preguntamos si quizás estos vástagos, ellos o ellas, no serían apreciados como esposos o esposas dignos de uniones preclaras o distinguidas. Lo único cierto es que los hijos de tales uniones, los «castizos», «criollos» o «mestizos», casaron con sus iguales, grandes títulos, familias de linaje y aun titulados del reino.

Seguidamente pasaremos revista a algunos de los matrimonios habidos en la segunda y tercera generación de tales uniones mestizas. No hemos escogidos casos raros, son los más corrientes y bien conocidos; los nobles peninsulares de las más ilustres casas enlazaron con nuestros hermanos criollos y hoy aún presumen de sus orígenes lejanos —Moctezuma, Huayna Cápac, Atahualpa... y otros jefes menores, caciques y curacas—.

Todos los indios nobles fueron bienvenidos en la nobleza peninsular y entre ellos, admitidos como iguales. Sobre este aspecto escribiremos en este libro segundo y, como decían aquellos caballeros de antaño cuando iniciaban un esfuerzo o una pelea, ¡Vamos a ello!

Matrimonio de Ana María Coya Ordóñez de Loyola (1593-1630), también conocida como Ana María Lorenza García, Sayry Túpac de Loyola, con Juan Enríquez de Borja (1559-¿?), hijo de los marqueses de Alcañices. Ana María, la primera marquesa de Oropesa, era hija de Beatriz Clara Coya y de Martín Ordóñez de Loyola

Anteriormente pasamos revista a la accidentada vida de doña Beatriz Clara Coya, princesa del Tahuantinsuyo, hija del último Inca; fue doña Beatriz casada y luego viuda del capitán y gobernador general de Chile Martín Ordóñez —también escrito «Óñez»— de Loyola. El nacimiento de Ana María, hija de ambos nobles, fue tomado como un símbolo de la unión de la realeza incaica con el catolicismo español.

El matrimonio tuvo una única hija porque desgraciadamente la convivencia no duró demasiado: el padre de familia, Martín Ordóñez —u Óñez de Loyola—, perdió la vida en una batalla (Curalaba, 1598) librada contra los feroces mapuches, tribu india que vivía en tierras del sur y que estaba sujeta a los incas.

Considerando la situación de las damas, doña Beatriz Clara y su hija Ana María, el virrey Luis de Velasco decidió que lo mejor era, primero llamarlas a Lima y, luego, enviarlas a España, en donde se encontrarían con los parientes del padre de Ana María y difunto esposo de Beatriz Clara.

Ambas mujeres eran herederas del señorío de Yucay, un lugar que comprendía un hermoso valle y alrededores amenos, de propiedad personal del Inca, en donde el Inca Sayri Túpac se había retirado a vivir tranquilo tras convertirse al catolicismo —no sabemos si de corazón—

y ser bautizado como Diego. El último Inca se alejó de su capital y se radicó en Yucay, lugar en donde vivió sosegadamente y, tras la preceptiva dispensa papal, siguiendo la costumbre de la casa real inca, casó con su hermana mayor, Cusi Huarcay. Beatriz Clara Coya, su hija, heredaba el citado señorío, y luego habría de hacerlo su hija Ana María, pero era un lugar demasiado grande y demasiado hermoso para dos mujeres sin un varón que defendiese sus derechos. Por eso, tras mucho cavilar, el virrey decidió que enviándolas lejos, a España, el territorio caería en otras manos —¿las suyas a lo mejor?—.

A la viuda no le pareció una mala idea la de un viaje a la Península, y consintió en desplazarse a la tierra de su fallecido consorte, para allí encontrarse con sus parientes, que también lo eran de su hija, la pequeña Ana María; desafortunadamente, Beatriz enfermó y murió en Lima (1600), no sin antes testar en la Ciudad de los Reyes, dejándole la totalidad de sus bienes a la pequeña Ana María[1]. El destino hizo que al fin la huérfana viajase a España años más tarde, en 1603, ya sin la compañía de su madre.

Realmente, Ana María era una pieza importante en el ajedrez del poder. Como heredera de los incas e hija de un noble español de la Península, se temía que a su alrededor surgiese un grupo de simpatizantes que, liderando un levantamiento, intentasen llevarla al poder del incario. Por otra parte, al igual que había sucedido con otros personajes relevantes de los cuales se recelaba, llegó desde la Península la orden de que la joven fuera exiliada a España por temor a que, al estar sola, alguien pudiera utilizarla como peón en una posible conspiración contra el soberano español.

En 1603, apenas tres años después de la muerte de su madre, la niña de 10 años tuvo que atravesar el océano Atlántico para establecerse en la Península y, una vez allí, habría de quedar al cuidado de sus parientes en el reino de España, aunque bajo la supervisión del mismo rey, don Felipe III, que puso a su custodia y cuidado a un primo de su padre, y por tanto tío de la niña, don Juan de Borja y Castro, a la sazón, conde de Mayalde.

Murió su tío en 1606, cuando ella tenía 13 años, y dada la importancia de su linaje a Ana María se le puso casa, y en ella fue instalada con su propia servidumbre, aya, mayordomo y galeno.

Por herencia de su madre en las tierras de ultramar tenía esta joven señora derecho a varios ricos señoríos, algunos de los cuales, ya en vida de su padre, le habían sido confiscados por el virrey de Toledo. Muerto su tío y tutor Juan de Borja, consiguió la joven, ya a los 17 años, que sus señoríos le fuesen devueltos por Real Sentencia, aunque no en su integridad; al menos se llegó a un acuerdo por el que a cambio de ciertas tierras recibiría una pensión considerable, de diez mil ducados —cada ducado contenía 3,6 gramos de oro, de modo que la joven obtuvo 36 kilos de oro fino—, y además se convino que algunos de sus territorios se considerarían señoríos. Una joven de tan alto linaje y tanta riqueza suscitaba ambiciones, y precisamente por ello, y dada la importancia de su estirpe, la misma Corona quiso involucrarse en buscar un pretendiente adecuado para ella

Hay que recordar que si su madre fue princesa del incario o Tahuantinsuyo, su padre, Martín García Óñez de Loyola, había sido gobernador general de Chile, conquistador español y descendiente directo de san Ignacio de Loyola, el fundador de la Compañía de Jesús. Este español de origen vasco había liderado la expedición a Vilcabamba y había capturado al medio hermano del último Inca, que se había levantado en armas contra el virrey y el dominio español.

Ana María Coya (Ordóñez) de Loyola era noble por los cuatro costados, como suele decirse, además de joven, rica y —en teoría— heredera de un imperio. Finalmente, a la joven se le adjudicó como esposo digno de su alcurnia e importancia a don Juan Enríquez de Borja, hijo de los marqueses de Alcañices y también pariente de la joven, como del santo jesuita Francisco de Borja y a la vez sobrino del tutor de Ana María.

Todo quedaba en familia, y el rey Felipe III quedó con ello muy satisfecho de su elección; por esta razón se otorgó a la pareja un título de Castilla, que recibió la denominación de Marquesado de

Santiago de Oropesa, tomada del nombre del pueblo principal en su territorio, Oropesa, unos 25 kilómetros al este de Cuzco. Además, a la esposa se le concedió la dignidad de adelantada del Valle de Yucay el 1 de marzo de 1614, Marquesado y Adelantamiento con la misma fecha.

Reproducimos un fragmento textual del documento regio:

> Por su parte, el Rey Felipe III concedió, el 1 de marzo de 1614, el título de Marquesa de Santiago de Oropesa, unido a la dignidad perpetua de Adelantada del Valle de Yupangui, a Doña María de Loyola y Coya-Inca, Señora de Loyola y representante legítima de los antiguos soberanos incas del Perú. Doña María de Loyola Coya-Inca, I Marquesa de Santiago de Oropesa, I Adelantada del Valle de Yupangui y Señora de Loyola, era pariente de San Ignacio de Loyola. Se da la circunstancia de que esta dama contrajo matrimonio con Don Juan Enríquez de Borja, pariente de San Francisco de Borja. Doña María, era hija de Don Martín García de Loyola, Señor de Oñaz y de Loyola y caballero de la Orden de Calatrava, Capitán General de la Guardia del virrey del Perú —en 1569—; Gobernador del Potosí —en 1579—; y Gobernador y Capitán General del Reino de Chile —en 1591—, y de Doña Beatriz Clara Coya, Señora del Valle de Yucay, hija única y heredera del Inca Sayri-Tupac, soberano del Tahuantinsuyu y de su mujer y sobrina la Coya Cusi Huarcay...

Fue el de Santiago de Oropesa el primer título que se otorgó en el Virreinato del Perú y uno de los muy pocos que han sido concedidos a una mujer directamente y no al esposo, padre o hijo.

Tras la boda, en un principio la pareja residió en Madrid, pero transcurrido un tiempo decidieron cambiar de residencia y dirigirse al Virreinato del Perú, en donde la esposa poseía cuantiosos bienes en Lima y alrededores. En aquel Virreinato Ana María era dueña de un feudo que podía casi considerarse un territorio autónomo. Hacia allí viajaron en compañía del príncipe de Esquilache, que a su vez era pariente cercano de ambos

En efecto, el de Esquilache era primo de la pareja por partida doble. Era el V príncipe de Esquilache, hijo de Juan de Borja y Castro,

II conde de Mayalde, al que sucedió en el título, y nieto de san Francisco de Borja, IV duque de Gandía. Su madre, Francisca de Aragón y Barreto, estaba vinculada a la casa real aragonesa. Tan conspicuo caballero viajaba en calidad de virrey y Ana María y su esposo lo acompañaban en la comitiva como parientes, amigos y corte. El nombre completo del príncipe era Francisco de Borja y Aragón.

Algunos de los hijos de nuestra pareja vinieron al mundo en ultramar. He aquí el nombre de todos los hijos nacidos al matrimonio de los marqueses de Oropesa:

Juan Enríquez de Borja y Almansa, II marqués de Santiago de Oropesa; Antonio Enríquez de Borja Inca y Loyola, que moriría joven en Nápoles, sin sucesión; Diego Enríquez de Borja Inca y Loyola, caballero de Calatrava; Álvaro Enríquez de Borja, caballero de Santiago; Francisca Enríquez de Borja, casada con Luis de Meneses, II marqués de Peñalba, sin sucesión. Además, Luisa, Juana e Inés, monjas en las Comendadoras de Santiago.

Tras siete años de haber administrado personalmente sus propiedades en la provincia de Urubamba y haber tenido a tres de sus hijos al otro lado del océano, los marqueses decidieron volver a la Península. Tal vez la vida en Madrid les atraía más que la vida en Urubamba.

Así que Ana de Loyola Coya y Juan Enríquez de Borja se instalaron nuevamente en Madrid con sus hijos en 1627; no disfrutaron mucho tiempo de su estancia en España, pues tres años más tarde, el 7 de diciembre de 1630, Ana fallecía a la temprana edad de 36 años. Heredó su título su hijo mayor, Juan Francisco, convirtiéndose en el II marqués de Santiago de Oropesa.

Bibliografía

ALONSO DE CADENAS, Ampelio *et. al.*: *Elenco de Grandezas y Títulos Nobiliarios Españoles*, Ediciones Hidalguía, Madrid (varios años).

BURNS, K.: «Gender and the Politics of Mestizaje: The Convent of Santa Clara in Cuzco, Peru», *The Hispanic American Historical Review*, 78, 1998, pp. 5-44.

DUNBAR TEMPLE, Ella: «El testamento inédito de doña Beatriz Clara Coya», *Revista Nacional de Lima*, 7, 1950, pp. 109-122.

FERNÁNDEZ DE BÉTHENCOURT, Francisco: *Historia genealógica y heráldica de la monarquía española. Casa real y grandes de España*, t. IV, Establecimientos Tipográficos de Enrique Teodoro, Madrid, 1902.

HEMMING, J.: *The Conquest of the Incas*, Pan Macmillan, Londres, 1993.

MUTO G. (dir.): *Estrategias culturales y circulación de la nueva nobleza en Europa (1570-1707)*, Doce Calles, Aranjuez (Madrid), 2015.

NOWACK, K.: «Como cristiano que soy. Testamentos de la elite indígena en el Perú del siglo xvi», *Indiana*, 1, 2006, pp. 51-77.

Notas

[1] La literalidad de dicho testamento figura en la correspondiente nota al pie.

Matrimonios de los hijos de la princesa Tecuichpo-Isabel de Moctezuma (c. 1509-1550), casada con Juan Cano de Saavedra (1502 1572)

Como ya dijimos, el último casamiento de Tecuichpo-Isabel de Moctezuma fue con el español Juan Cano de Saavedra, capitán de las Milicias y alcalde ordinario de la Ciudad de México en 1554. Con él tuvo Isabel de Moctezuma como hijos varones a Juan, Pedro y Gonzalo, y dos hijas que abrazaron la vida religiosa en el monasterio de la Concepción y que se llamaron Isabel y Catalina.

Juan Cano (hijo) nació en 1535 en México y falleció en Cáceres en 1579. Casó con dama de alcurnia, doña Elvira de Toledo, hija de don García Paredes de Toledo (1505-1566) —hijo a su vez de García Álvarez de Toledo— y de María de Ovando y Golfín.

Tal vez sea pertinente en este punto una explicación, porque a veces se halla el apellido Toledo-Golfín; son la misma línea que venimos estudiando y con ello quizás veamos la importancia de los enlaces de los que hablamos.

El apellido Toledo-Golfín es utilizado por primera vez por García de Toledo y Ovando, hijo de García de Paredes Toledo y de María de Ovando Golfín, al heredar los bienes del mayorazgo instituido por el regidor cacereño García Golfín en testamento datado el 15 de junio de 1517, anejo al mayorazgo —como solía ser— por manda testamentaria los descendientes de García de Toledo y Ovando (García de Toledo Golfín). Si aceptaban el mayorazgo habrían de usar las armas de los Golfines y el apellido Golfín como principal. Surgía así el apellido Toledo-Golfín o Álvarez de Toledo Golfín. Los Toledo-Golfín se trasladan a Cazalla desde Cáceres con anterioridad a 1566, en vida del citado García de Toledo Golfín. En Cazalla de la Sierra ejercerán como regidores hasta que Fernando de Toledo Golfín, nieto de García de Toledo Golfín, adquiera, por juro de heredad perpetuo, una Veinticuatría y una Alcaldía Mayor de Sevilla a mediados del siglo XVII, oficios que ejercerán los sucesivos mayorazgos de la familia hasta fines del siglo XVIII, que es cuando se venden los derechos a ambos oficios al vasco don Martín Antonio de Olazábal. A partir de entonces, la familia ya no se siente obligada y recupera el apellido completo de su varonía, Álvarez de Toledo, dejando de hacer uso del apellido Golfín. Descendientes de doña Elvira de Toledo y de Juan Cano de Saavedra son, entre otros, los marqueses de la Liseda, los condes de la Oliva de Gaytán, los condes de Fuencalada, los marqueses de Cerralbo, con grandeza de España, de Alba de Yeltes, de Villalobos, y otros que no mencionaremos por no hacer larga la enumeración.

El padre de doña Elvira de Toledo, don García Paredes de Toledo, no tuvo ningún inconveniente en que su hija matrimoniase con Juan Cano de Saavedra Moctezuma, siendo como era el pretendiente español mestizo, lo que viene a probar, una vez más, cómo inclusive la más alta nobleza nunca desdeñó a los nacidos de indígena y español y los trató como iguales.

• • •

El otro hijo de la princesa Tecuichpo-Isabel de Moctezuma y Juan Cano de Saavedra fue PEDRO CANO MOCTEZUMA o Pedro Cano Saavedra Moctezuma, que también así es llamado. Nació en 1540, no se conoce dónde. Sabemos que su hermano Juan Cano Moctezuma vino al mundo cinco años antes en México, tal vez él también naciera allí. Es solo una línea de investigación en la que los interesados en el asunto podrían profundizar.

Casó con una dama cuyo nombre era Ana de Arriaga, nacida alrededor de 1545, y el matrimonio tuvo una hija de nombre María Cano

Moctezuma Arriaga. Sobre ella conserva el Archivo General de Indias un documento de dieciséis páginas escritas por ambas caras, probatorio de su nobleza, suya y de sus antepasados, bajo el nombre de *Méritos y ascendencia de María Cano Moctezuma Arriaga: Nueva España*[1]. Es un documento interesante, pues se refiere a toda la familia y no solo a doña María Cano Moctezuma Arriaga.

• • •

GONZALO CANO MOCTEZUMA fue el último varón nacido a la pareja Isabel de Moctezuma y Juan Cano de Saavedra; a lo que se sabe vino al mundo en 1545 y falleció en 1597, a la edad de unos cincuenta y pocos años.

Al estudioso de esta familia remitimos una vez más al Archivo General de Indias, en Sevilla, en donde se custodian documentos relativos a una petición de nuestro Gonzalo Cano Moctezuma, que en 1582 emite documentos y memoriales sobre «calidad y méritos de Gonzalo Cano, nieto de Moctezuma», para solicitar «50 000 ducados de renta, perpetuos en las alcabalas de México», actuados en el Consejo en 1587 y 1588. En todo caso, don Gonzalo hacía notar como mérito su nobleza por ser descendiente de indios nobles.

Alrededor de 1539, en el Distrito Federal de México, casó don Gonzalo Cano Moctezuma con Ana de Prado Calderón y Tallecio —cuya fecha de nacimiento se desconoce; sí se sabe que falleció en Mérida en 1590—, hija de Diego Calderón y de Teresa Núñez de Prado. El matrimonio de Gonzalo y Ana de Prado tuvo dos hijos, Juan y María, en cuyas vidas no entraremos. Se habla de un segundo matrimonio, pero para nuestra historia no tiene interés, ya que solo nos resulta relevante ver cómo y con quién casaron los mestizos de segunda y tercera generación. Si fueron bien recibidos en la sociedad de entonces y si matrimoniaron con sus iguales.

Con este repaso a los hijos de hijos de la princesa Tecuichpo-Isabel de Moctezuma y Juan Cano de Saavedra vemos que todos se unieron con sus iguales, «hicieron buenas bodas», se diría, y fueron recibidos como tales nobles en familias que lo eran de antiguo.

Bibliografía

CHIPMAN, Donald E.: *Moctezuma's Children: Aztec Royalty under Spanish Rule, 1520–1570*, University of TX Press, Austin, 2005.
POWELL, Philip W.: *La guerra chichimeca (Soldiers, Indians & Silver)*, Fondo de Cultura Económica, México, 1975.
THOMAS, Hugh: *La conquista de México: el encuentro de dos mundos, el choque de dos imperios* (Traducción de Víctor Alba y C. Boune), Planeta, México, 2000.

Notas

[1] Código de referencia: ES.41091.AGI//PATRONATO,80,N.3,R.2.

Matrimonio de doña María Jaramillo (1525?-s.m.s. xvi) con Luis López de Quesada (c. 1525-¿?). María era hija de la Malinche (c.1500-c.1527) y de su legítimo esposo, Juan Jaramillo (1495?-1550)

Estamos ya tratando de la vida y destino de los descendientes de los primeros mestizos, aquellos con sangre española e indígena, los fundadores de una nueva raza, la criolla, tan querida en nuestra tierra. Veremos cómo se desarrolló la vida de los vástagos de español e indígena, los llamados «criollos» o «castizos», si fueron bien aceptados, si pudieron ocupar altos puestos en la Administración y si casaron bien, de acuerdo con su alto origen, bien español, bien indígena. Naturalmente, tenemos que hablar de los nobles, tanto nativos de América como españoles, pues como ya hemos comentado de la gente llana no queda documentación. Lo mismo sucede en la Península: los archivos en gran parte guardan el recuerdo de grandes hombres y mujeres, nobles o soberanos, nada de madres de familia, panaderos o amas de cría, a menos que se distinguieran por algo memorable, pero esto no suele ser lo corriente. De la gente llana ni solía ni suele escribirse memoria alguna, al menos en siglos pasados.

Volviendo, pues, a lo nuestro, hablaremos de alguien que suele ser olvidada pese a ser hija de la Malinche, la cual —como contamos— había sido bautizada como doña Marina, la traductora y amante de Cortés, de quien sí se ha escrito mucho. Tras varios años de trabajar juntos y de convivencia y de haber tenido hijos, Cortés entregó a doña Marina, la Malinche (c.1500-1527), a su hombre de confianza Juan Jaramillo, nacido en Badajoz y fallecido en 1550, hijo de Alonso de Jaramillo y doña Mencía de Matos.

En octubre de 1524, doña Marina acompañaba a Cortés en una expedición a las Hibueras —hoy Honduras—; en principio, como solía, iba en calidad de intérprete. Fue en este viaje cuando Cortés solicitó de su amigo y colega que se casase con su amante de tantos años, así que, por decisión del conquistador, doña Marina-la Malinche contrajo matrimonio con aquel capitán veterano de su ejército, Juan Jaramillo, regidor del Ayuntamiento de México y dueño de una rica encomienda. La boda tuvo lugar el 15 de enero de 1525 y fue oficiada por fray Juan de Ayora o fray Juan de Tecto, que eran los dos religiosos que acompañaban a la expedición. Marina fue dotada por Cortés con dos encomiendas, una de ellas la de Huilotlan, su localidad natal, pues por haber nacido allí supuso aquel que tendría con esa tierra lazos sentimentales, y también como un pequeño desquite, pues de allí salió de niña vendida como esclava o sirvienta.

De regreso de la desafortunada expedición de las Hibueras, el nuevo matrimonio Jaramillo tuvo descendencia, una niña a quien bautizaron como María, María Jaramillo, la primera hija legítima habida por la Malinche, porque a diferencia de los otros vástagos habidos con Cortés, esta niña nació dentro de matrimonio, «de mujer velada», como se decía por entonces. La familia hizo su morada en la capital, y a lo que sabemos llevaban una vida distinguida y refinada como correspondía a tal pareja. Poco le duró el matrimonio a doña Marina-Malinche, pues documentalmente sabemos que su esposo, ya viudo, casó en segundas nupcias con otra dama en 1527 —así que su primera esposa tenía unos treinta años o incluso menos cuando falleció—. La dama era doña Beatriz de Andrada, hija del comendador de la Orden de Santiago.

En el capítulo dedicado a Martín Cortés, el medio hermano de María Jaramillo —ambos eran hijos de la Malinche—, relatamos el viaje de Hernán Cortés y sus hijos a España, y no lo repetiremos. El caso es que María no marchó con sus hermanos a la Península; es más que seguro que el conquistador no sintiera ninguna responsabilidad por esta medio hermana de sus hijos, toda vez que él no era el padre.

Huérfana de madre, Juan Jaramillo veló por que su hija María se casara con quien pudiera protegerla y darle una buena vida, como hasta entonces había tenido, pero sucedió que de su nueva esposa, madrastra de María, había tenido otros hijos, y una hija de un primer matrimonio no era tan interesante como los nuevos hermanastros.

En 1542, cuando María tenía unos 16 años, se casó con Luis López de Quesada, también conocido como Luis de Quesada y López de Mendoza, hijo de Pedro Díaz de Quesada y de Francisca López de Mendoza, ambos esposos de acrisolada nobleza.

Por añadir algo sobre Luis López de Quesada y sus padres, diremos que, aunque naturales de Baeza, Francisca y su marido Pedro residieron en la Granada recién conquistada, donde gobernaban los marqueses de Mondéjar, sus primos, y donde el segundo marqués fuera presidente del Consejo de Indias y su hermano Antonio, primer virrey de México. Así consta en el *Catálogo de Pasajeros a Indias* de 1535, cuando su hijo segundo Luis de Quesada y López de Mendoza (nacido en Baeza) pasó de Granada a México acompañando al mencionado primer virrey Antonio de Mendoza. Antes de este traslado, Luis sirvió a Carlos V en su coronación y en el cerco de Florencia, y a él solicitó el permiso para pasar a Indias. El marido de María Jaramillo Malintzin no era un simple hidalgo, era un noble de categoría.

Una vez más se aprecia que los descendientes de indio —india en este caso— y español fueron admitidos como iguales, pese a lo que la Leyenda Negra pueda decir y el indigenismo clamar. Simplemente, no es verdad, aunque no sea políticamente correcto sostenerlo. Estos pocos ejemplos son suficientemente expresivos. ¿Por qué un nobilísimo español —o española— iba a casarse con alguien que considerase inferior? Se casaron con sus iguales, no solo los padres, sino los descendientes, hijos, nietos, bisnietos, etcétera, como veremos más adelante.

En cuanto al matrimonio que nos interesa ahora, no dejaremos de mencionar la opinión de Salvador de Madariaga, que nos dice que, aunque doña María casó con Luis de Quesada y López de Mendoza, se había pensado para ella un enlace con Alvar Pérez Ossorio, hijo y heredero del marqués de Astorga, «a quien —según Madariaga— ya había pagado veinte mil ducados de los cien mil en que había sido estipulada la dote». No sabemos qué pasó ni porqué el matrimonio con Pérez Ossorio no se llevó a cabo. ¿Acaso falleció el de Ossorio? Lo desconocemos.

A la muerte de Jaramillo, su hija María hubo de pleitear con su madrastra, la viuda de su padre, que le disputaba parte de la herencia y propiedades que este había administrado pero que provenían de doña Marina, la madre de María. Legalmente eran parte de la herencia de ella y no de Beatriz de Andrada, que al enviudar de Jaramillo había casado con un hijo del segundo virrey de Nueva España. El marido de María Jaramillo Malintzin, Luis López de Quesada, defendió los intereses de su esposa como expone a este tenor, en una carta oficial de reclamación escrita en México, el 15 de febrero de 1552, en los siguientes términos:

> Soy Luis de Quesada casado con doña María (Jaramillo) hija única y legítima de Marina (Malinche), India y Señora, la cual fue gran parte para que la tierra se ganase. Esta se casó con Juan Jaramillo de quien nació mi muger, su heredera. Muerto él (Juan Jaramillo) dan todos los bienes y los indios a la segunda muger... que dijo llamarse doña Beatriz, dejando a la heredera [sin ello], y esto porque vuestro visorey casó a su hijo don Francisco [Velasco] con ella.

El matrimonio Jaramillo tuvo dos hijos, Pedro de Quesada y Malintzin Jaramillo, quienes continuaron con el pleito por la hacienda de Xilotepec. En dicho pleito Hernán Cortés se presentó como testigo de Jaramillo y declaró:

> que el Antonio de Mendoza habia forzado a María para que se casara con su sobrino, en contra de su voluntad y la de su padre, Cortés declaró que Quesada con ayuda de los sirvientes del Virrey, habia escalado las paredes de la casa de Xaramillo y habia raptado a María.

Hay que asumir que el término «sobrino» se entendía en el sentido amplio de entonces, y no en el actual —de sobrino carnal o sobrino segundo—.

No mucho más se sabe de los descendientes de María Jaramillo y su herencia, al lector interesado en esos vericuetos aconsejamos una visita al Archivo General de Indias (Sevilla), Audiencia de México, leg. 68, ramo 2, Carta de Luis de Quezada; Audiencia de México, leg. 96, exp. 4; Secc. Epistolario de la Nueva España, vol. XIV, pág. 833.

BIBLIOGRAFÍA

BAUDOT, G.: «Malintzin, imagen y discurso», en M. Glantz (ed.), *La Malinche, sus padres y sus hijos*, Universidad Nacional Autónoma, México, 1994, pp. 45-74.

CUEVAS, P. M.: «Documento XXI», en *Cartas y otros documentos de Hernán Cortés* (Sevilla), Archivo General de Indias, 1915, p. 196 (cfr. Madariaga, nota 36 cap. XXXI).

EZQUERRA, R.: «Doña Marina», en G. Bleiberg (dir.), *Diccionario de Historia de España*, 3 vols., Alianza Editorial, Madrid, 1981, vol. II, pp. 930-931.

MADARIAGA, Salvador de: *Hernán Cortés* (3.ª ed.), Editorial Sudamericana, Buenos Aires, 1945.

Juan Enríquez de Borja y Almansa (1619-1675), II marqués de Santiago de Oropesa. Hijo de doña María Lorenza García Sayri Túpac de Loyola (1543-1630) y de Juan Enríquez de Borja, hijo este del marqués de Alcañices

Ya vimos cómo el marquesado de Oropesa fue otorgado por Felipe III a doña Ana María Lorenza de Loyola, noble inca, Coya, nieta de Sayri Túpac Inca, quien con dispensa del papa Julio III había casado (1558), según costumbre, con su hermana mayor, Cusi Huarcay. El matrimonio de los reales hermanos abandonó la capital y se fueron a vivir a Yucay, donde vino al mundo —española de nacimiento— la princesa Isabel Clara Coya.

La vida de Isabel Clara no fue fácil, pues su noble padre falleció muy pronto y su madre Cusi Huarcay dio mucho que hablar, cosa que desagradó al virrey, pues no era caso de que tan nobles señoras estuvieran en hablillas y murmuraciones. La niña fue retirada a un convento de hermanas clarisas, de donde entró y salió muchas veces, según los avatares de su madre. Finalmente, tras muchas aventuras y desventuras —véase el capítulo dedicado a Cusi Huarcay—, velando por ella y por su linaje, el virrey decidió casar a Isabel Clara con un noble español que le diera amparo, así que otorgó la mano de la princesa a un heroico capitán del ejército, el hombre del que todos hablaban, don Martín García de Loyola, de la más rancia nobleza. De este matrimonio de Beatriz Clara y Martín solo nació una niña, pues el esposo falleció en una de las revueltas que tan frecuentes eran. Esta hija fue Ana María Lorenza García Sayri Túpac de Loyola. Quizás como desagravio por los muchos sufrimientos que su madre tuvo que pasar antes de casar con Martín García de Loyola, la hija fue nombrada marquesa de Santiago de Oropesa. La excelentísima señora doña María Lorenza García

Sayri Túpac de Loyola casó nada menos que con el hijo del marqués de Alcañices, Juan Enríquez de Borja y Almansa, caballero de la Orden de Santiago —hijo del marqués de Alcañices y nieto de san Francisco de Borja—.

Fue el esposo de María Lorenza VIII marqués de Alcañices y grande de España, II marqués de Santiago de Oropesa, título que le venía a través de su esposa de la madre de esta, la princesa indígena Beatriz Clara Coya Inca Yupanqui, de quien ya hablamos en extensión en otro capítulo

El título de marqués de Alcañices fue otorgado por Carlos V el 15 de diciembre de 1533 a Francisco Enríquez de Almansa por su ayuda en la cuestión de los Comuneros: en la batalla de Villalar, Francisco Enríquez luchó bravamente en el lado realista.

Como se ve, los descendientes de los matrimonios mixtos no fueron en modo alguno desdeñados o menospreciados como cónyuges de la más alta nobleza, por el contrario, hallaron en la Península enlaces con vástagos de rancio abolengo, cercanos a los reyes y de alta posición social.

El matrimonio de Ana María Lorenza García Sayri Túpac de Loyola con Juan Enríquez de Borja y Almansa tuvo sucesión: Juan Enríquez de Borja y Almansa, II marqués de Santiago de Oropesa; Antonio Enríquez de Borja Inca y Loyola, que murió joven en Nápoles, sin sucesión; Diego Enríquez de Borja Inca y Loyola, caballero de Calatrava; Álvaro Enríquez de Borja, caballero de Santiago; Francisca Enríquez de Borja, casada con Luis de Meneses, II marqués de Peñalba, sin sucesión, además de Luisa, Juana e Inés, monjas en las Comendadoras de Santiago. Así se ha explicado ya en el capítulo correspondiente.

No seguimos con la peripecia vital de cada uno de estos hijos, pues de algunos no hay noticias de interés para nuestra historia, dado que, o bien murieron en la niñez, o quedaron solteros, ingresaron en la vida religiosa o no tuvieron descendencia. Del resto hablaremos luego en el capítulo dedicado a los nobles mestizos que fueron investidos con un hábito de alguna orden militar, como Santiago, Alcántara, etcétera.

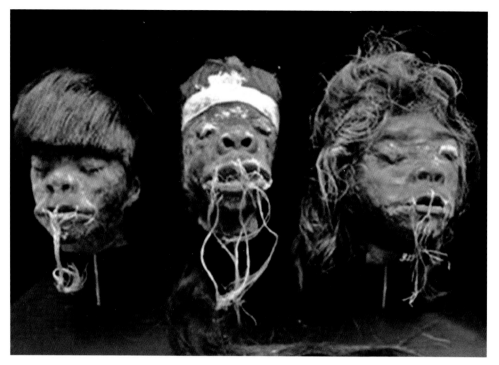

Tsantsas (o *zamzas*) expuestas en el Museo del Hombre de San Diego, Estados Unidos.

Una merienda caníbal. Litografía del siglo XVIII.

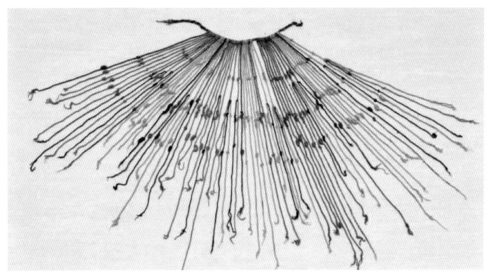

Una fotografía de un *quipu*.

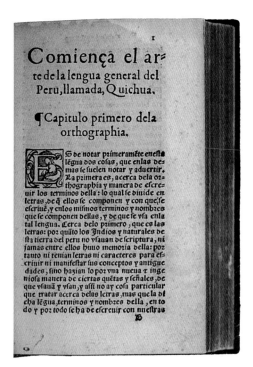

Primer capítulo de la *Grammatica*, o *Arte de la lengua general de los Indios de los reynos del Perú* (Valladolid, 1560).

El camino de Cortés hacia Tenochtitlán.

Don Pedro de Alvarado, esposo de Tecuelhuetzin Xicohténcatl, bautizada como María Luisa.

Imagen de Xicohténcatl el Viejo, padre de Tecuelhuetzin Xicohténcatl. Mural en el Palacio de Gobierno de Tlaxcala. Xicohténcatl, muy viejo y casi ciego, pide a Hernán Cortés que le permitiera tocar su cara para hacerse una idea de sus facciones.

Imagen de Lucía Xicohténcatl, esposa de Jorge de Alvarado.

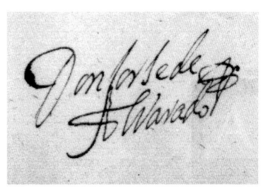

Firma autógrafa de don Jorge de Alvarado.

Portada del *Memorial de Sololá o Anales de los cakchikeles*, una crónica del origen de los mayas cakchikeles. Estos relatos fueron escritos alrededor de 1560 por Francisco Hernández Arana.

Lienzo de Quauhquechollan, con la representación de la conquista de Guatemala encabezada por Jorge de Alvarado en alianza con los quauhquecholtecas.

Mallinali, también conocida como la Malinche.

Ilustración original del siglo XVI que representa un sacrificio en la Gran pirámide, en el Códice Mendoza.

Cortés y su traductora, Mallinali, la Malinche.

La Serpiente Emplumada.

Balboa y Anayansi.

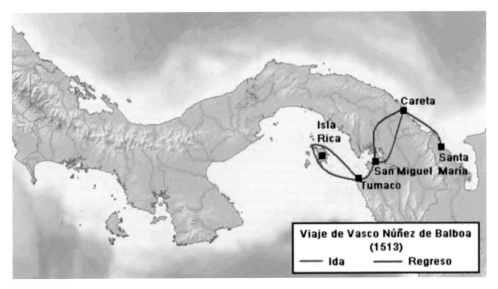

Pie de foto.

El inca atahualpa acude a encontrarse con Pizarro en Cajamarca.

Vasco Núñez de Balboa, junto a sus soldados, reclama el océano Pacífico para España (1513).

Atahualpa.

Así vio el dibujante a Cuxirimay Ocllo, hermana y esposa de Atahualpa.

Templo del Sol y santuario de las Vírgenes del Sol en Machu Picchu.

Quispe Sisa, hermana de Atahualpa, un presente para Pizarro.

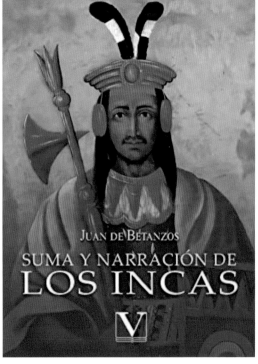

Portada de una edición del libro de Juan de Betanzos.

Moctezuma Xocoyotzin
(1466-29 de junio de 1520),
huey tlatoani de México-
Tenochtitlán (1502-1520).

Pie de foto.

María Cusi Huarcay junto a Sayri Túpac y Túpac Amaru.

Matrimonio del Inca Sairy Túpac y su hermana Cusi Huarcay ante el arzobispo Solano.

Así vio el dibujante a Titu Cusi Yupanqui.

Beatriz Clara Coya y su esposo,
el gobernador Martín García
de Loyola.

Pie de foto.

Escudo de armas de Loyola.

Retrato de Pizarro por Paul
Coutan 1835.

Palacio de la Conquista, en Trujillo.

Armas de los marqueses de Santiago de Oropesa.

Retrato de Ana María Coya (Ordóñez) de Loyola y su esposo Juan Enríquez de Borja, hijo de los marqueses de Alcañices.

Un líder mapuche (araucano) en la actualidad.

El virrey príncipe de Esquilache.

Vista parcial de la Plaza de Armas en Lima, Perú, presidida por el llamado palacio de los Virreyes, de nueva construcción.

D_o Ludouicus D Velasco. 2° Prorrex et Uniuersalis dux Año. 1549

El virrey de Nueva España, Luis de Velasco. Inauguró la Real y Pontificia Universidad de México y estableció el tribunal ambulante de la Santa Hermandad con el fin de proteger los caminos.

Monumento a Juan de Tolosa, fundador de Zacatecas con su esposa Leonor, descendiente de Hernán Cortés y de Moctezuma II.

Velázquez, luciendo en su pecho la cruz de Santiago.

Placa de Gran Cruz de la Orden de
Carlos III.

Escudo de armas de los
Choquehuanca.

Imagen del Inca
Garcilaso de la Vega.

En todo caso, en la historia de los herederos del Inca veremos cómo en las siguientes generaciones entroncaron con el linaje de los Medina de Rioseco, demostrando una vez más el aprecio que se hacía de la nobleza indígena y de sus descendientes. Al contrario de lo que se dice en la Leyenda Negra, ni se les consideró inferiores ni nunca estuvo prohibido el matrimonio de peninsulares con indígenas. Por el contrario, estas uniones fueron vistas como un vínculo necesario entre vasallos de una misma nación.

Bibliografía

CHOQUE PORRAS, Alba: «El retrato de Beatriz Clara Coya y la instauración de un modelo iconográfico en el Virreinato del Perú», *RHIAP, Revista de Historia del Arte Peruano*, Universidad Orval, Lima, 2014.

DUNBAR TEMPLE, Ella: *La descendencia de Huayna Cápac*, UNMSM, Lima, 2009.

HEMMING, John: *La conquista de los incas*, Fondo de Cultura Económica, México, 2000.

Martín Cortés el Mestizo (1523/1524-1595?), hijo de la Malinche (c. 1500-c. 1527) y de Hernán Cortés (1475-1547). Casó con Bernardina de Porras

Anteriormente hemos hablado de doña Marina, más conocida como la Malinche, traductora y amante de Hernán Cortés, de quien tuvo al primer representante de la nueva raza mestiza: Martín Cortés.

Era la Malinche natural de Coatzacoalcos, hoy Tabasco, según nos dice Diego de Ordás, su descendiente —al presentar pruebas de nobleza para la obtención de un hábito de Caballero—, que asimismo asegura y añade que era «mujer de muy buena casta y generación».

Habiendo reconocido al nacido de doña Marina y Hernán Cortés como hijo verdadero de este último, cuando Martín cumplió los dos años su padre lo hizo trasladar a España, a fin de darle una educación adecuada y así prepararle para el lugar que habría de ocupar en el futuro, como hijo legítimo de sus padres. Quien tenía poder para legitimar a un hijo nacido de una pareja no casada era el rey, o en último caso el papa, pero esta vez bastaba con el reconocimiento del primero, toda vez que ambos padres eran solteros y hubieran podido contraer matrimonio, y la criatura era hijo natural y no adulterino o hijo de clérigo y de mujer, fuera esta casada o soltera, que no podían ser legitimados por ser considerados sacrílegos. Recordemos que ni adulterinos, ni sacrílegos ni hijos de mujer pública podían optar a la legitimación[1]. Por tanto, se eliminó el estigma de ilegítimo de Martín, que quedó, a todos los efectos, como un noble nacido dentro de lazos matrimoniales.

Ya en el primer viaje que Cortés hizo a España, en 1528, llevó al niño consigo y es de suponer que enseguida puso manos a la obra para legalizar su condición, pues al año siguiente tenía en su poder la bula expedida por el papa Clemente VII. Acudió Cortés a las más altas instancias, pues se dirigió al pontífice, cuando podía haber solicitado la legitimación al rey. De paso, ya pidió al Santo Padre que hiciese otro tanto con Luis Cortés Altamirano y Catalina, también hijos suyos.

Cuando el niño Martín tenía unos seis años solicitó para él un hábito de Santiago. En un principio, las pruebas —que eran muy exigentes— no bastaron para que le fuera otorgado, pero andando el tiempo pudo vestirlo.

Dos años permaneció Cortés en la Península, al cabo de los cuales regresó a Nueva España dejando a Martín oficialmente al cuidado y tutela del licenciado y relator del Consejo Real, don Francisco Núñez, aunque el verdadero tutor era don Diego Pérez de Vargas, hombre de confianza de su señor padre.

Es cierto que Martín se crio sin la presencia de una madre, y tampoco vio mucho a su progenitor, pero este aun desde la distancia no dejó de velar por él y de interesarse por cuanto se refería tanto al progreso de sus estudios como a su ascenso social.

Ya desde temprana edad, y por decisión de Cortés, el niño Martín sirvió como menino y luego fue doncel en la corte del emperador Carlos, especialmente como paje de la emperatriz. También fue paje un par de años (1539-1541) cuando se le puso casa al heredero don Felipe —futuro Felipe II—. Todo ello le iba familiarizando con el mundo del poder y el ambiente nobiliario y militar.

En verdad, Hernán Cortés amó a todos sus hijos y de esto tenemos prueba con nuestro Martín. Al tener noticias de que este niño estaba enfermo, tras encarecerle su cuidado, escribió de su puño al licenciado Núñez —Carta de Hernán Cortés al licenciado Núñez, Puerto de Santiago, 20 de junio de 1533—, su pariente y procurador en Castilla: «...a este niño no le quiero menos que al que Dios me ha dado con la marquesa». Esta marquesa a la que se refiere es su esposa legítima, y el hijo «que Dios le ha dado» es el *otro* Martín, conocido como Martín el Criollo, para no confundirlo con el primer Martín. Si bien Martín el

Mestizo era su hijo mayor, Martín el Criollo era el mayor nacido de su esposa y, por tanto, legítimo desde su nacimiento.

Llegado a una edad suficiente, el joven Martín el Mestizo sirvió en el ejército, como se esperaba de él, no solo por su cuna, sino porque su padre era un militar y estratega cuya fama había llegado a ambos lados del globo terráqueo.

Por no hacer la historia larga y porque no añade nada a nuestro propósito, no nos detendremos en las campañas en que Martín tomó parte —Argel, Piamonte, Alemania etc.—. Se dice que estuvo en la batalla de San Quintín, extremo que no hemos podido confirmar.

Uno de los deberes que debió cumplir por mandato real fue acompañar al príncipe Felipe cuando este se desplazó a Inglaterra para casarse con María Tudor; vemos en ello no solo un mandato, sino un gran honor. Dicha tarea fue distinción y honra para el séquito que escoltaba al rey de Nápoles, nombrado como tal por su padre, el emperador Carlos, para que Felipe se presentara como un soberano al igual que María Tudor era reina.

Bien sabido es que Cortés tuvo varios hijos, legítimos e ilegítimos. Ya explicamos que Martín no fue el único varón, y ni siquiera, como se ha visto, fue el único Martín. El Mestizo tenía un hermano con el mismo nombre, al que acabamos de referirnos, y si bien nuestro Martín era el primogénito de Cortés, el otro —nacido de Juana de Zúñiga— era el primogénito de los legítimos. El hijo de la Malinche se llevaba bien con sus hermanos, en especial con su tocayo, aunque debemos hacer notar que la coincidencia de nombres ha dado lugar a confusiones en el relato de las respectivas historias.

Casó el hijo de la Malinche con Bernardina de Porras, de la casa de los señores de Agoncillo, de rancia nobleza, pues su línea se puede trazar desde la Edad Media, cuando ya sostenían la fortaleza homónima, de la que oímos hablar por primera vez en el siglo XII, cuando pasa a poder de los señores de los Cameros y luego, sucesivamente, a los Rojas, Medranos, García de Porras y Frías Salazar. Su descendencia emparentó con las principales familias nobles de España.

Martín y Bernardina tuvieron una hija, y él, por su parte, fue también padre de un hijo extramatrimonial a quien llamó como el ilustre abuelo: Hernán —a veces nombrado Fernando—.

El fin de Martín el Mestizo fue poco glorioso para sus merecimientos. En 1562 volvió a Nueva España acompañado de su hermano, el marqués del Valle de Oaxaca, y junto con el otro hermano, Luis Cortés, se vio implicado en la llamada Conjura de 1565; acusado de urdir un complot para derrocar al virrey, fue procesado y sufrió prisión e inclusive torturas. Finalmente, Martín fue desterrado y volvió a España. Murió en Granada, como capitán del Ejército Real durante la rebelión de las Alpujarras, en 1569. Dios lo tenga en su gloria.

BIBLIOGRAFÍA

FERNÁNDEZ MARTÍN, Luis: «Hernán Cortés y su familia, en Valladolid, 1542-1605», en *Hernán Cortés, hombre de empresa*, Publicaciones de la Casa Museo de Colón, Valladolid, 1990.

LANYON, Anna: *The New World of Martin Cortes*, Ingram Publisher Services, Cambridge, 2005.

MENÉNDEZ, Miguel Ángel: *Malintzin*, La Prensa, México, 1964, p. 203.

THOMAS, Hugh: *La Conquista de México. El encuentro de dos mundos, el choque de dos imperios*, Planeta, México, 2000.

VV. AA. *Diccionario de Historia de España*, 3 vols., Alianza Editorial, Madrid 1979, 1981 y 1986, vol. I, pp. 1009-1010.

NOTAS

[1] Una amplia explicación sobre la legitimación y sus posibilidades figura en la nota de la p. 100.

Descendencia de Leonor Cortés Moctezuma (1528-1594?), casada con Juan de Tolosa. Hijos interraciales: Leonor de Tolosa Cortés de Moctezuma, Isabel de Tolosa Cortés de Moctezuma y Juan de Tolosa Cortés de Moctezuma

Ya hablamos anteriormente de Leonor Cortés Moctezuma, reconocida por su padre y no así por su madre, la princesa Tecuichpo-Isabel Moctezuma, hija de Moctezuma. Al parecer, por razones nunca aclaradas, fue una hija no deseada por Tecuichpo.

En resumen, Leonor Cortés, la hija no querida, casó llegada a una edad apropiada con un rico caballero, Juan de Tolosa, descubridor de unas minas de plata en el cerro de la Bufa en Zacatecas. El erudito, historiador e investigador Elizaran Txapartegi nos lo relata de la siguiente manera:

> Algunos indígenas le mostraron (a Juan de Tolosa) piedras brillantes y después de investigar el origen de las piedras viajó a tierra de los zacatecos de donde procedían. Juan de Tolosa comenzó a explorar el Cerro de La Bufa y se llevaron varias cargas de mineral a lo que hoy es Nochistlán. Resultó ser plata de la mejor calidad que durante más de 300 años abastecería a la metrópoli, y así, el 20 de enero de 1548, junto con Diego de Ibarra, Cristóbal de Oñate y Baltasar Tremiño de Bañuelos, hicieron la fundación formal de lo que es la Ciudad de Zacatecas (...). Con el tiempo las minas de plata de Zacatecas y las del Alto Perú (Potosí) fueron las más ricas de Las Indias (...).

Juan de Tolosa, cuya fecha de nacimiento es confusa, sin que se haya llegado a aceptar ninguna para su venida al mundo, era militar; lo encontramos en Nueva España con el primer grupo de hombres que llegaron tras la conquista de Tenochtitlán. Casado con Leonor

Cortés Moctezuma, el matrimonio se instaló en Nochistlán, Zacatecas, población en la que originalmente se fundó Guadalajara, colindante con Teocaltiche, Jalisco, muy cerca del estado de Aguascalientes. Sin entrar en más detalles, diremos que la pareja fue no solo rica, sino muy rica, gracias a la explotación de las mencionadas minas. El 20 de enero de 1548, Juan de Tolosa, junto con Diego de Ibarra, Cristóbal de Oñate y Baltasar Temiño de Bañuelos, hicieron la fundación formal de Zacatecas, conocida después como la Civilizadora del Norte. Esta ciudad se reconoce hoy en día por la UNESCO como patrimonio cultural de la humanidad.

El matrimonio tuvo varios hijos, algunos de los cuales no tuvieron descendencia, pues abrazaron la vida religiosa y, por tanto, de ellos no hablaremos. Otros casaron y de ellos nos ocupamos, pues nuestra intención es ver si los hijos mestizos de los conquistadores, ya segunda generación, fueron aceptados e integrados en la sociedad virreinal como iguales, para desmentir lo que dice la Leyenda Negra, que se vieron siempre como inferiores y estuvieron en un segundo plano en comparación con los peninsulares. Registramos, a continuación, los datos de las hijas y sus respectivos matrimonios:

LEONOR DE TOLOSA CORTÉS DE MOCTEZUMA, hija de Leonor Cortés y Juan de Tolosa, nació en el Reino de Nueva España alrededor de 1564, casó con Cristóbal de Zaldívar Mendoza (1564-1628), a quien algunos documentos califican de «caballero generoso», hijo de un prestigioso militar, Vicente de Zaldívar, quien fuera teniente de capitán general en tiempos de Martín Enríquez de Almansa, IV virrey de Nueva España. El matrimonio tuvo dos hijos y una hija: Juan Andrés de Zaldívar —o Saldívar, pues la grafía es vacilante en varios documentos— Cortés, Vicente Zaldívar Cortés y Leonor Zaldívar y Oñate. No obstante, debemos reseñar que hay cierta discrepancia entre los genealogistas de esta familia, que plantean la duda de que Juan Andrés fuera hermano de Vicente y Leonor. No entraremos en disquisiciones, baste decir que en todo caso la descendiente de Cortés Leonor de Tolosa Cortés de Moctezuma casó con un noble de familia militar. En cada rama de descendientes de nobles indios, mestizos o criollos, se repiten los buenos matrimonios y entronques con familias de prosapia de criollos o españoles sin distinción, notemos que hallamos muchos militares en estas descendencias.

Quisiera, como historiadora, pedir a aquellos que aún sustentan la Leyenda Negra, atribuyendo a los españoles un orgullo desmedido y el mal trato dado a los indígenas, a estos indigenistas, digo, quisiera pedirles nombres de nobles damas semínolas, sioux, solsones, pies negros, chiricaguas, arapahoes o cheyenes que casaran con nobles ingleses y fueran presentadas a sus reyes como descendientes notables de jefes tribales; quisiera poder seguir documentalmente la descendencia de los mestizos de tales matrimonios; quisiera saber en qué fechas sucedió. Que yo sepa, no hay ni un solo caso documentado. Tal vez me dieran los nombres de las reservas en donde fueron confinados los indios para evitar el contacto con los blancos y dar razón al dicho: «El único indio bueno es el indio muerto». ¡Cuán distinto de los españoles!, más inclinados a considerar que «todos somos hijos de Dios y herederos de su gloria; todos hijos de Adán y Eva».

Tal vez arguyan que cuando llegaron los ingleses eran otros tiempos y que aquellos indios del Norte eran bravos, belicosos —¿acaso los de Sudamérica no? ¿No eran bravos los aztecas, los araucanos, los chibchas y mil más?—, pero esta actitud sajona se repitió en la India, en la China, ejemplos de pueblos que no eran salvajes, así como en todas las colonias regidas por los ingleses, e igualmente fue el comportamiento de los holandeses en África. Los nativos, para los sajones, en todas partes eran una especie de «intocables», el mero contacto con ellos envilecía, contaminaba. Pero la Leyenda Negra solo es cosa de los españoles y, lo que es peor, en las universidades no se hace un esfuerzo por esclarecer la realidad, por buscar la verdad documentándola y así descartar el error, sino que, por el contrario, si algún profesor se atreve a hacerlo —como ha sucedido— se ha visto despedido. Bueno, mejor dicho, su contrato «no ha sido renovado». ¿Es que acaso la Leyenda Negra no debe morir? ¿La universidad no debe en primera instancia buscar «la verdad»?

Isabel de Tolosa y Cortés de Moctezuma, hermana de la anterior (1568-1620?), fue hija del vasco español Juan de Tolosa y de Leonor Cortés Moctezuma. Como su hermana, era una rica heredera, pues ya dijimos que su padre había descubierto y explotado unas minas de plata. Aunque solo fuese por su dinero, habría podido escoger entre muchos aspirantes a su mano.

Casó Isabel de Tolosa y Cortés de Moctezuma con Juan de Oñate, nacido en torno a 1550 en el real de minas de Pánuco, Zacatecas, Reino de la Nueva Galicia. Perteneció a una de las familias más poderosas del virreinato novohispano, siendo uno de los cuatro hijos del capitán Cristóbal de Oñate, conquistador y teniente de gobernador de la Nueva Galicia, fundador de Guadalajara, Zacatecas, San Luis Potosí, entre otras, y de Catalina de Salazar y de la Cadena, a su vez hija de Gonzalo de Salazar, cogobernado de la Nueva España, y de Catalina de la Cadena, hermana de Antonio y Luis de la Cadena. Con estos pocos datos ya podemos ver que Isabel de Tolosa y Cortés de Moctezuma no hizo unas bodas inferiores para su linaje.

Uno de los antepasados de doña Catalina (de Salazar y) de la Cadena había luchado en las Navas de Tolosa, donde ganaron su escudo de armas. Juan Palomino Cañedo nos lo describe así:

> Llevaba en sus armas trece estrellas de oro en campo de gules, porque un antepasado suyo, señor del valle de Salazar en Vizcaya, mató en un combate a un moro hercúleo que traía una sobreveste negra sembrada de estrellas doradas y él se la vistió tinta en la sangre del moro.

Para añadir algún dato a la sucinta biografía de Juan de Oñate reproducimos lo que la Real Academia de la Historia dice de él:

> En 1549, el capitán Oñate tenía trece molinos de mineral y primera fundición. (…) Compasivo, impuso una edad mínima [para trabajar] y sentenció: «(…) solamente habían de ser comprendidos en la esclavitud los serranos, como rebeldes y quebrantadores de la paz y conspiradores contra la posesión real». En un año ya había levantado un templo y formado, con otros empresarios, «la aristocracia de la plata».

Se le otorgaron dos encomiendas, una en Culhuacán —actual estado de México— y otra en Tacámbaro —Michoacán—. Caballero de inmensa fortuna, contribuyó a las causas públicas y fue muy activo en la ayuda del menesteroso…

Muchos hijos tuvo don Cristóbal con su legítima esposa, Catalina Salazar y de la Cadena, de uno de ellos nos habla Palomino Cañedo:

> El quinto fue el más brillante de todos, el adelantado don Juan de Oñate y Salazar, conquistador y gobernador del Nuevo México, Caballero del Hábito de Santiago, casado con doña Isabel de Tolosa, Cortes y Moctezuma, hija del Capitán Joanes de Tolosa, alias Barbalonga, conquistador de Nueva España y fundador de Zacatecas, y de doña Leonor de Cortes Moctezuma, la cual a su vez era hija de la Princesa Tecuichpotzin (hija de Moctezuma II) y del Capitán don Hernando de Cortes, Monroy, Pizarro y Altamirano, Primer Marques del Valle de Oaxaca.

Juan de Oñate pertenecía a la muy ilustre casa de Haro, señores de Vizcaya. Esta conspicua familia no tuvo ningún reparo en entroncar con una «mestiza» descendiente de indio y español, ya por entonces llamados *criollos*, palabra que carecía de acepción despreciativa.

Hubo en el matrimonio un hijo varón, JUAN DE TOLOSA CORTÉS DE MOCTEZUMA, del que no hablaremos más, pues abrazó la vida religiosa, lo mismo que el resto de las hermanas que ingresaron en un convento en Sevilla y, por tanto, no entroncaron con nadie; sus nombres se mencionan en los registros de la institución de 1604.

BIBLIOGRAFÍA

QUIJADA CORNISH, Beatrice: *La ascendencia y la familia de Juan de Oñate*, 1917.

SARAVIA, Atanasio G.: *Apuntes para la historia de la Nueva Vizcaya. Introducción, compilación, bibliografía e índices de Guadalupe Pérez de San Vicente*, Obras I, UNAM (Nueva Biblioteca Mexicana), México, 1993.

Juan Enríquez de Borja y Almansa (1619-1675), II marqués de Santiago de Oropesa, descendiente de Ana María Lorenza de Loyola y Coya, nieta de Túpac Yupanqui. Casó Juan con Ana de la Cueva y Enríquez (1622-1650), hija del VII duque de Alburquerque. En segundas nupcias, con Ana de Velasco y Tovar (m. 1688), hija de Bernardino Fernández de Velasco y Tovar, XI condestable de Castilla, VI duque de Frías, IX conde de Haro

Hablaremos de la descendencia de Ana María Lorenza de Loyola y Coya, mestiza, marquesa de Santiago de Oropesa, adelantada del valle de Yupanqui, nieta del Inca Túpac Yupanqui y señora de la casa de Loyola, descendencia que hubo con su esposo, el capitán Juan Enríquez de Borja, caballero de la Orden de Santiago, capitán general de la Armada de Barlovento y consejero de Felipe IV.

El matrimonio de Ana María y Juan tuvo —como queda dicho— abundante descendencia: Juan Enríquez de Borja y Almansa, II marqués de Santiago de Oropesa; Antonio Enríquez de Borja Inca y Loyola, que murió joven en Nápoles, sin sucesión; Diego Enríquez de Borja Inca y Loyola, caballero de Calatrava; Álvaro Enríquez de Borja, caballero de Santiago: Francisca Enríquez de Borja, casada con Luis de Meneses, II marqués de Peñalba, sin sucesión, además de Luisa, Juana e Inés, monjas en las Comendadoras de Santiago.

Nos referiremos especialmente a Juan Enríquez de Borja y Almansa, dado que llegó a ser el heredero de linaje; el resto de los hermanos o murieron jóvenes, o entraron en religión o sus vidas transcurrieron sin nada importante que reseñar, aunque si casaron lo hicieron siempre con miembros de la nobleza, como Francisca, que contrajo matrimonio con el marqués de Peñalba, pero que murió sin sucesión.

Juan Enríquez de Borja y Almansa (1619–1675), hijo de los arriba mencionados, fue VIII marqués de Alcañices y II marqués de Santiago de Oropesa, títulos heredados de sus padres. Además, por sus nobles orígenes —españoles de la Península e indígenas de allende el Atlántico— fue señor de la casa de Loyola y comendador militar de Alcañiz en la Orden de Calatrava.

Para los menos versados, añadiremos que las Órdenes Militares tenían a su frente a un maestre, máxima autoridad, con poder político, militar y religioso. El cargo era vitalicio y electivo. Por debajo del maestre estaba el comendador, autoridad de una localidad o fortaleza, una prestigiosa dignidad que exigía ser noble por ocho costados —nobleza no solo de los abuelos, sino también de las abuelas, así desde el siglo XVI—; lo anterior requería que Ana María Lorenza de Loyola y Coya, mestiza, marquesa de Santiago de Oropesa, adelantada del Valle de Yupanqui y señora de la casa de Loyola, fuese considera de la más pura nobleza, como así fue.

Los hijos y descendientes de Juan Enríquez de Borja Almansa entroncaron con la más alta nobleza. Veamos los matrimonios y su descendencia.

Nuestro Juan Enríquez de Borja, con sangre india, contrajo primer matrimonio en Madrid el día 28 de febrero de 1634 con Ana de la Cueva y Enríquez (1622-1650), por cuyas venas corría sangre real, hija de Francisco Fernández de la Cueva, VII duque de Alburquerque, IV marqués de Cuéllar, VII conde de Ledesma y de Huelma, y de su segunda mujer, Ana Enríquez de Cabrera y Colonna, hija de los IV duques de Medina de Rioseco. Al casamiento acudió el rey Felipe IV, tal y como reseña Jerónimo Gascón de Torquemada en su *Gaçeta y nuevas de la Corte de España*:

A los 28 (martes de Carnestolendas), se desposó mi señora Doña Ana de la Cueva y Enríquez, hija de los Duques de Alburquerque, de edad de doce años y medio, con el Marqués de Oropesa, de edad de 15, el qual es heredero del Marqués de Alcañices. Fue el desposorio en la casa del Duque de Alburquerque, padre de la nobia, a las dos de la tarde. Y luego llevaron los nobios a casa del Marqués de Alcañices, donde estuvo convidada toda la Corte de Señores y Señoras para una gran fiesta de comedias, vayles y máscaras; y se halló el Rey Nuestro Señor a esta fiesta, retirado detrás de la celosía. Túvoseles a las Señoras muy gran merienda, salieron de la fiesta a las doce de la noche. Y acabada, mi señora la Duquesa de Alburquerque bolvió a su casa a la nobia su hija, porque no se han de juntar hasta el año que viene.

Firmado: Jerónimo Gascón de Torquemada

Viene esta advertencia de parte de Jerónimo Gascón, «… mi señora la Duquesa de Alburquerque bolvió a su casa a la nobia su hija, porque no se han de juntar hasta el año que viene…» porque la recién casada no tenía aún catorce años, edad considerada la legal para contraer y consumar el matrimonio.

De este primer matrimonio de Juan Enríquez con Ana de la Cueva nació Ana Enríquez de la Cueva, la cual casó con Jaime Francisco Sarmiento de Silva y Fernández de Híjar, V duque de Aliaga, de Híjar y de Lecera, VIII conde de Belchite, IX de Salinas, IX de Ribadeo, V de Vallfogona y IV de Guimerá, XV vizconde de Ebol, XV de Canet, XIV de Illa y IV de Alquerforadat.

Contrajo Juan Enríquez un segundo matrimonio en 1651 con Ana de Velasco y Tovar (m. 1688), hija de Bernardino Fernández de Velasco y Tovar, nada menos que XI condestable de Castilla, VI duque de Frías, IX conde de Haro, V marqués de Berlanga, IV conde de Castilnovo, y de Isabel María de Guzmán, hija de los I marqueses de Toral. Nació de este enlace otra hija, Teresa Enríquez de Velasco, que sucedió en los títulos familiares y casó con Luis Enríquez de Cabrera y Álvarez de Toledo, VIII duque de Medina de Rioseco.

Como se ve tanto en su primer matrimonio como en el segundo, el descendiente de la princesa inca Beatriz Clara Coya, que había casado con don Martín de Loyola, entroncó con grandes linajes, sin que fuera óbice que un abuelo fuese un indio de allende los mares, pues una vez más queda claro que la diferencia de raza no constituía menoscabo si había de por medio lo que entonces se entendía por nobleza, ya que los indios nobles lo eran a Fuero de España como si de castellanos se tratase. Estos nobles hijos de españoles e indígenas de segunda generación fueron los llamados «criollos» y también «castizos», sin que —insistimos— tales términos fuesen denigratorios en modo alguno.

Esta aceptación interracial que vamos probando uno a uno con estos matrimonios fue un hecho, a diferencia de lo sucedido con otros pueblos, como el inglés; en el subcontinente Indio, si un británico, noble o no, tenía hijos con una indígena, era considerado indigno, expulsado de la buena sociedad, y el hijo habido no pertenecía ni al ámbito social de la madre ni del padre: se convertía en indeseado e indeseable en ambos lugares. Un infeliz *descastado*, en la peor acepción de la palabra.

BIBLIOGRAFÍA

FERNÁNDEZ DE BÉTHENCOURT, Francisco: *Historia genealógica y heráldica de la monarquía española. Casa real y grandes de España*, t. IV, Establecimientos Tipográficos de Enrique Teodoro, Madrid, 1902.

GASCÓN DE TORQUEMADA, Jerónimo: *Gaçeta y nuevas de la Corte de España, desde el año 1600 en adelante* (del marqués de la Floresta edición), Real Academia Matritense de Heráldica y Genealogía, Madrid, 1991.

LOHMANN VILLENA, Guillermo: *Los americanos en las Órdenes Nobiliarias (1529-1900)*, 3 vols., Consejo Superior de Investigaciones Científicas, Instituto Gonzalo Fernández de Oviedo, Madrid, 1947.

PEASE, Franklin: *Historia Los Incas*, Pontificia Universidad Católica del Perú PUCP- Fondo Editorial, Lima, 1991.

ROEL PINEDA, Virgilio: *Cultura peruana e historia de los Incas*, Fondo de Cultura Económica, Lima, 2001.

DESCENDENCIA DE PEDRO DE ALVARADO Y
DOÑA MARÍA LUISA, NACIDA TECUELHUETZIN
XICOHTÉNCATL (1501-1537), HIJA DEL CACIQUE DE
TLAXCALA XICOHTÉNCATL EL VIEJO. SU HIJA LEONOR
ALVARADO XICOHTÉNCATL (1524-1583) CASÓ EN
PRIMERAS NUPCIAS CON DON PEDRO PORTOCARRERO,
NOBLE CON RANGO DE RICO-HOMBRE Y GRANDE DE
ESPAÑA. EN SEGUNDAS NUPCIAS CASÓ CON DON
FRANCISCO DE LA CUEVA, COMENDADOR DE LA
ORDEN DE SANTIAGO

Ya hemos hablado de don Pedro de Alvarado y de cómo casó con la hija de un cacique, Tecuelhuetzin Xicohténcatl. Había llegado el dicho don Pedro al Nuevo Mundo y se asentó en Azua, en la isla de La Española —actual República Dominicana—, donde fue escribano de Hernán Cortés. Se dice que era de fuerte temperamento, y las descripciones que de él tenemos lo representan como un varón de gran porte, cabello largo y rubio, ojos verdes y barba roja. Por eso los indígenas lo conocían como Tonatiuh, 'hijo del Sol'.

Casó por el rito indígena con Tecuelhuetzin Xicohténcatl, hija del cacique del lugar, y convivió con ella toda la vida, aunque en determinado momento casó por la Iglesia con una dama española. Una vez viudo de esta, volvió con Tecuelhuetzin, quien, ya bautizada, se llamó María Luisa. Del matrimonio de Pedro de Alvarado con doña María Luisa nacieron un hijo al que llamaron don Pedro —vino al mundo en Tutepeque— y una hija llamada Leonor Alvarado Xicohténcatl, natural de Utatlán. Se piensa que pudo haber un tercer hijo, llamado Diego o Francisco, mas es algo que aún no se ha probado.

La mayoría de los datos sobre la vida de Leonor de Alvarado Xicohténcatl los hemos obtenido del *Diccionario Histórico Biográfico de Gua-*

temala, tras haber indagado en profundidad en archivos y bibliotecas. Este útil libro ha sido publicado por la asociación de Amigos del País en el año 2004, en la Ciudad de Guatemala.

Leonor de Alvarado Xicohténcatl (Guatemala, 22 de marzo de 1524-1583), la hija de Pedro de Alvarado y de la princesa tlaxcalteca María Luisa-Xicohténcatl, fue la primera mestiza nacida en Guatemala. El estudioso Adrián Recinos nos da los datos de su nacimiento, sin añadir ninguna otra aclaración.

Era apenas una adolescente, una niña, cuando casó con don Pedro Portocarrero, perteneciente al noble linaje de los Portocarrero de la Península, en donde desempeñaban los más altos empleos en la Administración y en la Iglesia. Era este Pedro Portocarrrero el hombre de confianza de Pedro de Alvarado, y con él estuvo durante la conquista de México y Guatemala, como maestre de campo en este último escenario, donde tuvo a su mando la caballería. Intervino en la batalla de El Pinar, en marzo de 1524, contra los indios quichés en la región de Quezaltenango. Como lugarteniente de Pedro Alvarado quedaba al mando de todas las tropas y aun del territorio durante las largas ausencias de su jefe. En 1536, poco antes de que este embarcase hacia España, se casó con Leonor, hija mestiza de Alvarado y la noble tlaxcalteca Luisa de Tlaxcala-Tecuelhuetzin Xicohténcatl, nieta, por tanto, del cacique de Tlaxcala Xicohténcatl el Viejo.

Seguramente tanta confianza tuvo Alvarado en su amigo y compañero que pensó que su hija estaría protegida, segura y bien tratada con este militar y camarada, al tiempo que aseguraba el futuro de la joven, pues Portocarrero, además de noble y valiente, era dueño de una gran fortuna. El matrimonio duró poco, pues al año siguiente, cuando Alvarado regresó a su gobernación, encontró a su hija viuda. Viuda sí, pero muy rica. Habían casado Pedro Portocarrero y Leonor Alvarado en 1535 o 1536 y, dado que convivieron poco tiempo y el marido estuvo casi siempre ausente, la pareja no dejó descendencia.

Volviendo a Pedro de Alvarado, hay que recordar que había casado por la Iglesia con doña Francisca de la Cueva en 1527, pero la esposa falleció enseguida y él, ya viudo, había retomado la relación con la que hasta entonces había sido su esposa por el rito indígena: Tecuelhuetzin Xicohténcatl. Cuando doña Luisa-Tecuelhuetzin falleció en 1537 Alvarado viajó a España y allí tomo contacto con los parientes de su mujer «legítima por la iglesia», la desaparecida doña Francisca, y finalmente se casó con su cuñada, hermana de su difunta esposa: doña Beatriz de la Cueva (n. 1490). Y es con Beatriz de la Cueva de Alvarado con quien viajó de regreso a las nuevas tierras.

Salieron con tres navíos, en los cuales llevaban un séquito de doscientos cincuenta hombres y veinte doncellas hidalgas para casarlas con los conquistadores y nobles criollos de las tierras a las que se dirigían, y así formar en el futuro una pequeña corte de nobles familias que constituirían la nueva aristocracia colonial, dando con ello lustre y relevancia a las ciudades recién fundadas. Cruzaron el océano Atlántico e hicieron escala en Santo Domingo, capital de la Capitanía General de La Española en Centroamérica, de donde zarparon el 20 de marzo de 1539, para llegar el 2 de abril a Puerto Caballos. A la pequeña corte de nobles damas se unió doña Leonor, la hija de Pedro de Alvarado y de la princesa tlaxcalteca María Luisa-Xicohténcatl.

Entraron a la ciudad de Gracias a Dios el 4 de agosto, en donde tres días antes, en nombre de Alvarado, el licenciado Cristóbal de Pedraza, I obispo de Honduras, convino en reconocer la Alcaldía Mayor de Chiapas al gobernador Francisco de Montejo, adelantado de Yucatán, a cambio de la litigada Alcaldía Mayor de Higueras u Honduras.

No duró mucho el matrimonio de los dos cónyuges, Beatriz y Pedro, pues Alvarado falleció en 1541. Poco antes, había comunicado su deseo de buscar las supuestas Islas de las Especias, y el mismísimo virrey Antonio de Mendoza y Pacheco se interesó por participar en esta empresa, tras solicitar a Alvarado que pacificase previamente a las tribus de la zona; para ello había que sofocar la rebelión de los indios caxcanes y chichimecas que había estallado en Nueva Galicia —en lo que hoy es el estado de Jalisco, México—.

Atendiendo a las órdenes del virrey acudió don Pedro de Alvarado con sus hombres. En esa última acción militar, la conocida como guerra del Mixtón —«mixtón» significa 'gato'—, Alvarado fue arrollado por el caballo de un compañero inexperto que huía del contraataque de los chichimecas, parapetados en el cerro que dio nombre a la batalla y comandados por Francisco Tenamaxtle, un indio caxcán que había sido bautizado y que posteriormente se había levantado en armas. Sucedió en Nochistlán, en el sur de lo que hoy es el estado de Zacatecas, hoy ciudad con el nombre de Guadalajara.

Don Pedro de Alvarado murió tras unos días de agonía, el 4 de julio de 1541. Su cuerpo fue enterrado primero en la iglesia de Tiripetío, Michoacán, y trasladado en 1568 por su hija Leonor Alvarado Xicohténcatl a una cripta de la catedral de San José de Santiago de Guatemala —hoy Antigua Guatemala—; allí fue llevado para que finalmente llegara a descansar junto al cuerpo de su mujer legítima, la española Beatriz de la Cueva, apodada «la sinventura» y no sin motivo, pues enviudó menos de un año después de suceder a su hermana como esposa de Alvarado, y luego sobrevivió a su marido solo otro año más. Beatriz de la Cueva, que era —según se dice— una hermosa mujer de preciosos y expresivos ojos, se había casado con su cuñado en Úbeda, y posteriormente ambos habían viajado a las Indias como se llamaba entonces a la América española, tal como se ha relatado.

En cuanto a Leonor, la hija de Alvarado y de la princesa tlaxcalteca María Luisa-Xicohténcatl, tras la muerte de su padre, y ya viuda de Pedro Portocarrrero e inmensamente rica, casó con don Francisco de la Cueva, primo de las esposas de su padre, doña Francisca y doña Beatriz.

Francisco de la Cueva y Villacreces había nacido en Jerez de la Frontera y falleció en Guatemala. No ha de confundirse con otro Francisco de la Cueva, hermano de Beatriz y Francisca, nacido en Úbeda y que nunca viajó a las Américas. Tanto uno como otro eran bisnietos de don Diego Fernández de la Cueva, primer vizconde de Huelma.

Nuestro Francisco de la Cueva y Villacreces es licenciado y comendador de la Orden de Santiago, sus padres son Juan de Villacreces de la Cueva y Teresa de Villavicencio, naturales los dos de la citada localidad gaditana, y es este el que casó con Leonor Alvarado de Xicohténcatl, hija del adelantado Pedro de Alvarado. No desdeñó el comendador de la Orden de Santiago matrimoniar a quien en puridad era mestiza, pues ello, como venimos probando, no era merma en su nobleza, y menos aún su raza cobriza.

Tuvo doña Leonor con su nuevo esposo seis hijos. El 13 de septiembre de 1583, sintiendo próximo su final, otorgó su testamento ante el escribano Blas de Hidalgo y en sus últimas voluntades especificó su deseo de ser enterrada en la capilla mayor de la catedral, donde estaban su padre y su marido. Dejó por herederos a sus hijos, a excepción de Beatriz, ya fallecida, y murió en ese mismo año de 1583.

Recopilemos: Leonor Alvarado era hija de Pedro de Alvarado Contreras, conquistador de México y Guatemala, y de doña María Luisa Xicohténcatl (Tecuelhuetzin). Casada dos veces, tuvo sucesión con su segundo esposo, Francisco de la Cueva y Villacreces. Fueron sus hijos: Pedro de Villacreces de la Cueva y Alvarado, caballero de Santiago del que hablaremos más adelante; Francisco de la Cueva, adelantado de Tegucigalpa; Paula de Villacreces de la Cueva y Alvarado; Lucía de Alvarado y Beatriz de la Cueva. Se sabe que algún otro murió en la niñez.

Fue Leonor hermana de Diego Alvarado Tezozomoc, Pedro de Alvarado y Xicohténcatl, Zin Huanit Tezozomoc y Francisco, hermanos y hermanastros de los que no hemos hallado suficientes datos como para componer una biografía.

Por último, merece señalarse que hoy la totalidad de la descendencia de Pedro de Alvarado no viene de sus esposas «legítimas» —casadas por la Iglesia—, sino a través de la hija del cacique de Tlaxcala, doña María Luisa Xicohténcatl (1501-1537 nacida Tecuelhuetzin Xicohténcatl) y de la hija habida con ella, Leonor de Alvarado Xicohténcatl (Guatemala, 22 de marzo de 1524-1583), a quien dedicamos estas líneas. Descanse en paz esta nobilísima criolla.

BIBLIOGRAFÍA

BARÓN CASTRO, Rodolfo: *Pedro de Alvarado*, Editorial Atlas, Madrid, 1943.

GONZÁLEZ VILLATORO, Gustavo: *El testamento del Adelantado Don Pedro de Alvarado. El hombre y el mito*, Promesa, San José de Costa Rica, 2007.

GÓRRIZ DE MORALES, Natalia: *Luisa Xicohténcatl, princesa de Tlaxcala*, Tipografía El Liberal Progresista, Ciudad de Guatemala, 1943.

MEADE DE ANGULO, Mercedes: *Doña Luisa Teohquilhuastzin, mujer del capitán Pedro de Alvarado*, V Centenario, Comisión del Gobierno del Estado de Puebla, 1992.

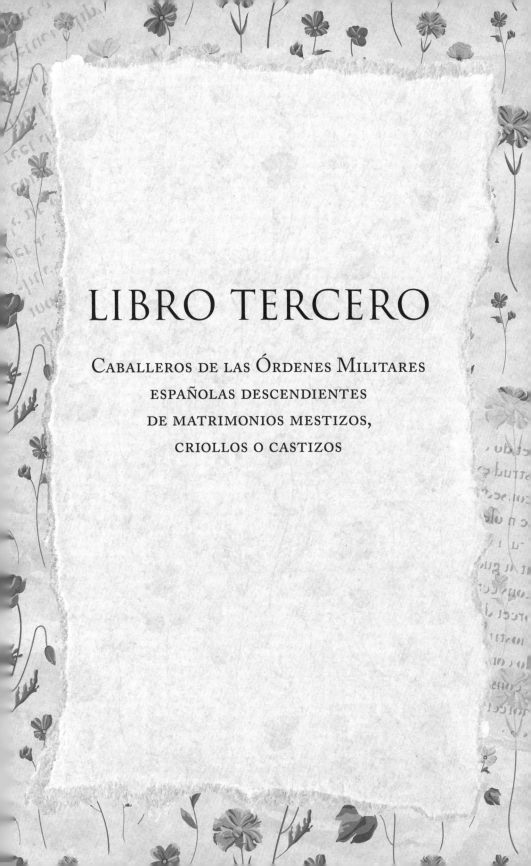

LIBRO TERCERO

CABALLEROS DE LAS ÓRDENES MILITARES
ESPAÑOLAS DESCENDIENTES
DE MATRIMONIOS MESTIZOS,
CRIOLLOS O CASTIZOS

El luego virrey Blasco Núñez de Vela, I marqués de Blasco, nació en Ávila en 1495 y falleció en lo que hoy es territorio de Ecuador, en 1546.

En 1530 fue el primero que capitaneó la Flota de Indias que cruzó el océano Atlántico llevando los cargamentos de oro y plata al rey Carlos I de España, y evitando las amenazas de los corsarios. Fue capitán general de la Armada de las Indias. A demanda de los comerciantes, en 1543, organizó por vez primera la navegación de convoyes hacia España con la protección de buques de guerra, inaugurando así la sustitución en Hispanoamérica del tráfico de navíos sueltos, tan esperados y acechados por los piratas.

El 2 de julio de 1540 el rey Carlos le concedió el título de marqués de Blasco como recompensa por sus hazañas, y en 1543 fue nombrado virrey del Perú, pues habiendo oído la Corona de los abusos cometidos por los encomenderos contra los indios vasallos de S. M., le encargaba la tarea de hacer cumplir las Leyes Nuevas redactadas para poner fin precisamente a las arbitrariedades de que eran víctimas los indios a manos de aquellos.

Sin duda alguna la diligencia más importante y hasta eficaz ejecutada por Núñez de Vela se refiere a su instancia y tramitación en la «Cédula de Honores». En un memorial que puso en las reales manos expresa, en nombre y voz de todos los indios y mestizos, los motivos y circunstancias que concurren para

que no sea estorbo, obstáculo ni óbize la limpísima y noble sangre de los Indios para obtener dignidades eclesiásticas y hasta la del obispado y para ponerse ávito de las tres órdenes militares de Castilla, ni se les estorbe a los que tienen sangre de aquellos gentiles a entrar en colegio, iglesias cathedras, universidades, capellanías y puestos militares en que pueda pedirse limpieza de sangre para su ingreso, y suplico se sirviese V. M. de mandar establecer ley inviolable (…) e los indios y mestizos o como descendientes de los indios principales, que se llaman caciques, o como precedidos de indios menos principales, que son los tributarios, y que en su gentilidad reconocieron vasallaje; se considera que a los primeros sus descendientes se les deben solas las preeminencias y honores, asi en lo eclesiastico como en lo secular, que se acostumbran conferir a los hijosdalgo de Castilla y pueden participar de cualesquiera comunidades que por estatuto piden nobleza, pues es costante que estos en su gentilidad eran nobles y a quienes sus inferiores reconocian vasallaje y tributaban, cuya especie de nobleza todavia se les conserva y considera...

Prosigue la cedula:

Y los indios menos principales o descendientes de ellos y en quienes concurre puridad de sangre, como descendientes de la gentilidad, sin mezcla de infeccion a otra secta reprobada, a estos también se les debe contribuir con todas las prerrogativas y dignidades que gozan en España los limpios de sangre, que llaman del estado general.

Tal y como se deduce de la Cédula de Honores, el virrey recuerda que a los indios y mestizos se «les debe contribuir con todas las prerrogativas y dignidades de que gozan en España los limpios de sangre» y que era suficiente «la limpísima y noble sangre de los Indios para obtener dignidades eclesiásticas y hasta la del obispado y para ponerse ávito de las tres órdenes militares de Castilla».

Y así se hizo, como veremos luego.

Introducción.
Algunas notas y consideraciones sobre las Órdenes Militares, cómo ingresar en ellas, requisitos y condiciones

En un principio, los caballeros de hábito constituían un escalón situado entre la nobleza titulada y los simples hijosdalgo. Formaron una clase media nobiliaria con gran poder e influencia, cuyos miembros se reclutaban tanto entre la alta nobleza —estos obtenían el hábito sin dificultad— como entre los simples hijosdalgo, para los que alcanzar un hábito se convertía en una verdadera obsesión, por la garantía de nobleza y pureza de sangre que suponía.

Un hábito comportaba un ascenso en la escala nobiliaria y les abría las puertas a ellos y a sus descendientes de los tan apreciados colegios mayores, en donde se formaban las clases dirigentes de la administración del Imperio.

Los caballeros de hábito formaron un cuerpo cerrado, celoso de su condición y crisol de la nobleza, protegido por especiales privilegios, como el de gozar de un fuero propio, peculiar prerrogativa que se prolongaría hasta la llegada a España de los Borbones, en que por la Concordia de Osorno (1706) se determinó que la jurisdicción del Consejo no se extendería ya a las causas civiles ni criminales en las que los caballeros incurrieran; es decir, si delinquían serían considerados no como tales caballeros sino como simples hidalgos.

Las Órdenes estaban regidas por un Consejo estructurado de la siguiente manera:

El Consejo de las Órdenes Militares

Era un organismo colegiado formado por caballeros de hábito encargado de la administración de las Órdenes Militares de Santiago, Calatrava y Alcántara, cedidas a la Corona por la Santa Sede en 1523 y a las que se uniría en 1587 la Orden de Montesa. Sus funciones eran muy complejas, pues en lo temporal actuaba en nombre del rey-administrador, a quien representaba, y en lo espiritual en nombre de la Santa Sede, con autoridad plena delegada del pontífice. Lo importante era que tanto en un caso como en el otro operaba con autoridad propia; es decir, no basada en una delegación temporal sometida al capricho del soberano, sino que su jurisdicción provenía de un acuerdo entre la Santa Sede y la Corona de España, en virtud del cual ambas se habían comprometido a conservar y mantener las Órdenes en el mismo estado en que se hallaban los Maestrazgos antes de la incorporación. Lo que es importante no olvidar, pues este acuerdo sería respetado hasta nuestros días, cuando las Órdenes han sido abolidas unilateralmente por ambas partes, como tendremos ocasión de analizar.

Los caballeros de hábito que integraban el Consejo, denominados consejeros de Capa y Espada, profesos de alguna de las cuatro Órdenes, estaban asistidos por expertos en derecho —o jueces de letras— que no precisaban haber profesado en alguna de las Órdenes. Estaba regido por presidente-gobernador, los consejeros, dos secretarios —uno para Santiago y otro para Calatrava, Alcántara y Montesa— y un fiscal, todos ellos nombrados por la Corona.

El Consejo de las Órdenes, como organismo colegiado, se incorporaba así al gobierno polisinodial del Imperio hispánico, mas, a diferencia de los otros consejos, tenía una doble jurisdicción temporal y espiritual, al reunir una serie de competencias propias en distintas materias:

a) Gubernativa, como máximo organismo encargado del mantenimiento del orden tanto del territorio de las Órdenes como de los miembros de estas, clérigos o laicos;

b) Legislativa, pues, al asumir las competencias de los antiguos Capítulos Generales, dictaba las normas y ordenanzas por las que habían de regirse las dos ciudades, doscientas cincuenta villas, cien aldeas, y cuatrocientos encomiendas y prioratos, así como las reglas de comportamiento que habían de seguir todos sus miembros;

c) Administrativa, en tanto que administraba y recaudaba los bienes y las rentas de los Maestrazgos;

d) Judicial, como tribunal de apelación de todas las causas civiles y criminales concernientes al territorio de las Órdenes o a los vasallos de las mismas, que habían sido juzgadas en primera instancia por los gobernadores, alcaldes mayores y jueces de las Órdenes;

e) Gracia y Patronato, pues proponía a aquellos que habían de cubrir las prelaturas de la Orden y demás dignidades eclesiásticas de su territorio;

f) Consultiva, al pronunciarse sobre la idoneidad del candidato, caballeros o clérigos, propuesto por la Corona para ingresar en las Órdenes, tras juzgar libremente las pruebas aportadas y elaborar el correspondiente dictamen de aceptación o suspensión *sine die*.

La aristocratización de las Órdenes de Caballería

A partir del siglo XVI las Órdenes de Caballería hispánicas se aristocratizaron, perdiendo su antiguo carácter militar y religioso, relajándose la observancia de sus votos y convirtiéndose en una institución honorífica reservada a la nobleza de sangre. En este proceso la función del Consejo de las Órdenes sería, según Mascareñas, «conservar la nobleza de sus Caballeros, acrisolar la pureza de su sangre, calificar legítimamente a las personas y distinguir al principal del plebeyo y al lustro del mecánico». Es decir, conceder la certificación de noble ascendencia y pureza de sangre de los nuevos caballeros sin dejarse influir por criterios crematísticos o sociales, luchando siempre contra los abusos en la concesión de hábitos, a las que algunos monarcas fueron tan proclives a fin de premiar los servicios recibidos, y restringiendo en lo posible su proliferación, con la intención de evitar que los caballeros se hicieran tan comunes que perdieran su calidad.

El rey se reservará la concesión de los hábitos de caballero dentro de sus facultades premiales. Obtener alguno de ellos suponía el reconocimiento a toda una vida de servicios a la Corona, prestados bien en la milicia o en la administración, cuando no en el simple capricho real. Mas el agraciado había de pasar antes por el tamiz de un tribunal calificador compuesto por miembros de la propia Orden que velaban por la pureza del proceso y rechazaban a todo aquel que no reunía las condiciones exigidas de nobleza, limpieza de sangre, honorabilidad y riqueza. El que lograba al fin ser aceptado entraba en un estatus especial por el prestigio que tenían las Órdenes Militares. Los caballeros de hábito se convirtieron en una elite cerrada protegida por especiales privilegios, como el gozar de un fuero propio que los excluía de la acción de los tribunales del reino, pues estaban sujetos solo a los de la propia Orden.

El proceso de obtención de un hábito, paso a paso

El proceso seguido para la obtención de un hábito de caballero se desarrollaba de la siguiente forma:

1.º *Memorial de solicitud al rey*, redactado por el propio interesado o autoridad de la que este dependiera. En el mismo se hacía la presentación del pretendiente, su nobleza y pureza de sangre, así como los méritos contraídos a los servicios de la Corona, tanto civiles como militares. Se terminaba con el ruego a S. M. para que se dignara concederle un hábito de caballero en alguna de las cuatro Órdenes Militares españolas.

2.º *Concesión regia.* El rey decidía o no otorgar al pretendiente la concesión de un hábito, comunicándoselo así al Consejo de las Órdenes, al que remitía el expediente.

3.º *Pruebas de nobleza.* El Consejo procedía a nombrar dos caballeros informantes, uno militar y otro clérigo, pertenecientes a la misma Orden en la que había de ingresar el pretendiente, según la concesión regia. Se encargaban de procurar las informaciones que acreditaran la calidad del pretendiente y elevaban sus conclusiones al presidente del Consejo para su dictamen final.

a) Legitimidad: se identificaba familiarmente al pretendiente y se comprobaba su procedencia de legítimo matrimonio, rehaciendo su genealogía hasta sus ocho bisabuelos.

b) Nobleza de sangre: debía acreditar ser hijodalgo de sangre y no de privilegio, por sus cuatro costados, salvo en Montesa, que solo requería los dos primeros apellidos.

c) Limpieza de sangre: debía probar que su nobleza tenía su origen en la casta natural del reino y que esta no había sido interrumpida por sus mayores por su enlace con castas extrañas al mismo; es decir, no tener raza ni mezcla de moro, judío o converso.

d) Cristiandad: la consideración de cristiano viejo exigía, además, probar que tanto el pretendiente como sus ancestros nunca se habían apartado del recto camino de la Iglesia; es decir, que no habían sido herejes ni penitenciados por el Santo Oficio.

e) Limpieza de oficios: junto con las condiciones personales y familiares del pretendiente se exigía también que este viviera conforme al *more nobilium*; es decir, 'noblemente', 'a la manera de los nobles', o sea, sin incurrir en actividades indignas para un caballero, como por ejemplo el mercadeo, operaciones cambistas, oficios mecánicos o vivir del trabajo de sus manos. Esto incumbía no solo al pretendiente, sino a sus bisabuelos.

f) Honorabilidad: debían también probar no haber sido infamados, ni haber faltado a las leyes del honor o ejecutado algún acto indigno de un caballero.

g) Medios económicos: en la sociedad española de la época, en la que las ejecutorias de nobleza se ganaban a partir de la opinión que de una familia tenían sus vecinos, el guardar las apariencias era algo esencial para ser tenido por noble; así, los futuros caballeros debían tener de antemano los medios económicos para poder vivir conforme a su condición[1].

NOTAS

[1] Agradecemos al marqués de Casa Real, don Luis Valero de Bernabé, su aportación en la elaboración de esta introducción al Libro Tercero.

Francisco Antonio Villacreces y de la Cueva, caballero de la Orden de Santiago. Descendiente de Tecuelhuetzin Xicohténcatl, hija esta del cacique tlaxcalteca Xicohténcatl, y de su esposo, Pedro de Alvarado

Según los datos aportados por el investigador peruano don Guillermo Lohmann Villena, Francisco Antonio Villacreces y de la Cueva fue investido Caballero de Santiago en 1622.

Nació Francisco Antonio en Guatemala alrededor de 1587. Siendo noble también por parte de su madre, hubo de trasladarse a la Península en 1600, pues había de tomar posesión de un mayorazgo que le correspondía instituido por la familia de los Cueva en Jerez de la Frontera.

Veamos su ascendencia. Sus padres fueron Pedro de Villacreces y de la Cueva, nacido en Guatemala y también en su tiempo heredero del mayorazgo instituido en Jerez, y su madre, peninsular, doña Mayor de Córdoba, nacida en Écija. Dado que Écija y Jerez no están demasiado lejos, suponemos que en algún viaje con motivo del cuidado de su mayorazgo se conocieron o bien se arregló el matrimonio entre vecinos con propiedades colindantes, como solía ser entre familias nobles.

Los abuelos paternos, es decir, los padres de su padre, fueron don Francisco de la Cueva y Villacreces, nacido en Jerez de la Frontera —razón por la que se instituyó allí el mayorazgo—, que pasó a las Indias y llegó a gobernador y capitán general de Guatemala, y doña Leonor de Alvarado y Xicohténcatl, la hija natural del adelantado don Pedro de Alvarado y Tecuelhuetzin Xicohténcatl, hija esta a su vez del cacique tlaxcalteca Xicohténcatl el Viejo. Los abuelos maternos fueron don Juan de Monsalve y Aguilar, nacido en Écija, y doña Luisa de la Cueva, natural de Jerez de la Frontera.

Para recibir un hábito de las Órdenes Militares, como hemos explicado, era necesario ser noble «por los cuatro costados», sin «mancha de judío ni moro» al menos durante cien años, y, aun así, si el pretendiente a la merced en su lugar de origen, donde era conocido, era sospechoso de no ser noble por los cuatro costados o de descender de tales moros o judíos, seguramente no recibiría el tal hábito.

Tras las averiguaciones pertinentes en cuanto a la idoneidad de Francisco Antonio Villacreces y de la Cueva, no se encontró obstáculo alguno para investirle con el hábito de Santiago. En todo momento se supo que era nieto de una noble aborigen nativa de las Indias, Tecuelhuetzin Xicohténcatl, y esta rama fue considerada nobilísima, al igual e inclusive más que los otros ascendientes del pretendiente.

Se indagó en testigos de ambos lados del Atlántico, tanto en España como en Guatemala, con relación a la idoneidad del sujeto para recibir lo que se consideraba un gran honor: comportamiento, cristiandad y, sobre todo, la nobleza suya, heredada, claro está, de «los sus pasados de gloriosa memoria», tal y como se nombraba a los antepasados. No se halló obstáculo ni mancha para que el bisnieto del cacique de Tlaxcala Xicohténcatl el Viejo y nieto de la hermosa indígena Tecuelhuetzin Xicohténcatl fuera investido como caballero de hábito. Ello es testimonio claro de que la unión de Pedro de Alvarado con la natural de Guatemala fue considerada como cualquier unión entre iguales, aun sabiéndose que no casaron por la Iglesia, sino por el rito indígena. Nunca hubo discriminación racial para matrimoniar con nuestros hermanos de allende el océano.

Bibliografía

LOHMANN VILLENA, Guillermo: *Los americanos en las Órdenes Nobiliarias (1529-1900)*, 3 vols., Consejo Superior de Investigaciones Científicas, Instituto Gonzalo Fernández de Oviedo, Madrid, 1947.

Diego Cano Moctezuma (1603- ?), bisnieto del huey tlatoani Moctezuma (II). Caballero de Santiago en 1620

Nació este caballero en México en 1603, hacía ya tres o cuatro generaciones desde que los blancos españoles habían puesto pie en lo que se dio en llamar América en lugar de Colombia, que hubiera sido más apropiado.

Mucho trasiego de naturales de uno y otro lado del Atlántico había dado por resultado que tanto españoles de la Península como españoles de los virreinatos nacidos allí se tratasen con naturalidad, ya que unos y otros tenían parientes en ambos lados del océano, por cierto como aún sucede hoy en día.

Era nuestro don Diego Cano Moctezuma hijo de don Juan Cano Moctezuma, también nacido en México, y de doña Isabel Mejías de Figueroa, asimismo natural de México, que habían contraído matrimonio en 1600; tres años más tarde nació don Diego, y hubo, además, una hija llamada María.

Los abuelos paternos de Diego Cano fueron don Gonzalo Cano Moctezuma, nacido asimismo en México —hijo este del cacereño don Juan Cano de Saavedra, español peninsular, por tanto—, y doña Isabel Moctezuma, nacida como Tecuichpo Ixcaxochitzin (c. 1509-1550), de quien ya hablamos anteriormente, hija del huey tlatoani Moctezuma Xocoyotzin y bautizada más tarde como Isabel Moctezuma. Un simple vistazo nos dice que el bisnieto del emperador indígena Moctezuma tan orgulloso estaba de su linaje que conservó el Moctezuma, que ya no era su segundo apellido.

Fue la abuela materna doña Ana de Prado Calderón, natural de México e hija de Diego Calderón, extremeño de Mérida, casado con doña Teresa Núñez de Prado, nacida en Badajoz.

Fue cruzado como caballero de la Orden de Santiago en 1620, según Lohmann Villena, de cuyo libro *Los americanos en las Órdenes Nobiliarias* hemos tomado estas notas.

Se ve, una vez más, cómo el matrimonio con indígena no suponía para su directa descendencia menoscabo ni era óbice para ser considerado apto para vestir un hábito de las Órdenes Militares, que exigían la más depurada nobleza[1].

Insistimos una vez más en que tanto los descendientes de un matrimonio entre español peninsular e indígena como los descendentes de ambos padres españoles de la Península y que hubiesen nacido en las Indias se conocían con el mismo nombre de «criollos» o «castizos» sin hacer distinción alguna entre ellos. También los criollos nacidos ya varias generaciones lejos de España merecieron la gracia de recibir un hábito de alguna Orden, fuese esta Santiago, Montesa Alcántara o la que escogiese el pretendiente, siempre y cuando él lo mereciese por sus ascendientes, actos y nobleza.

Según el erudito estudioso del tema que nos interesa, Guillermo Lohmann Villena,

> ya es hora de desechar como un infundio más, la interesada y torcida especie que habían sido los españoles que consumaron la tarea de incorporar al Nuevo Mundo a la cultura europea, individuos de ruin estofa, prófugos de cárceles, vagabundos, o labriegos viles. La correspondencia de los primeros gobernantes enseña, por el contrario, con nutridos testimonios, la escasez que se registraba de gente llana diestra en el uso de la azada y la esteva.

Por otro lado, podemos citar que en la correspondencia del gobernador de Nicaragua, don Rodrigo de Contreras, en 1544, con el virrey Núñez Vela avisa a este de que los que se hallaban en el Perú «no son de baxa suerte, como en España decían, sino todos los mas [casi todos] hijosdalgo y vienen de padres magníficos». Y esto lo asevera el tan citado Lohmann Villena apoyándose a su vez en los estudios de Cieza de León². Inciden en el mismo tema el marqués de Cañete y el conde de Nieva, en su correspondencia de 15 de abril de 1556 y 30 de abril de 1562, respectivamente. Esto nos viene a decir que no por ser valientes conquistadores o grandes soldados se podía obtener un hábito, el pretendiente había de ser un sujeto noble, lo cual nos confirma en qué concepto se tenía a los descendientes de los indios nobles, sujetos apropiados si lo merecían, como lo fueron muchos criollos nacidos allende los mares que, aunque procediesen de familias pobres, eran «hidalgos de solar conocido».

A más de los ya nombrados, daremos unos cuantos ejemplos más de descendientes de indios nobles que fueron agraciados con el deseado hábito de alguna orden o maestranza y al tiempo casaron con personas nobles sin que en su ascendiente próximo hubiese indígenas de las Indias y, más tarde, de Filipinas.

BIBLIOGRAFÍA

CIEZA DE LEÓN, Pedro: *La Guerra de Quito*, Ed. Hernández, Madrid, 1877.
LOHMANN VILLENA, Guillermo: *Los americanos en las Órdenes Nobiliarias (1529-1900)*, 3 vols., Consejo Superior de Investigaciones Científicas, Instituto Gonzalo Fernández de Oviedo, Madrid, 1947.

NOTAS

[1] Guillermo Lohmann Villena, *Los americanos en las Órdenes Nobiliarias*, vol. 1, p. 7.
[2] En su libro *La Guerra de Quito*, p. 7 (1877).

Don Melchor Carlos Inga (1554-1610), caballero de la Orden de Santiago en 1606. Hijo de Carlos Inga Yupanqui. Descendiente del hijo menor de Huaina Cápac

Don Melchor Carlos Inga (o Inca), nacido en el Cuzco hacia 1554, tuvo como padrino de bautismo al mismísimo virrey don Francisco de Toledo. No se podía pedir más, pues quien ejercía este cargo era la persona del rey en las Indias. También como los otros que venimos estudiando, este gentilhombre, don Melchor Carlos, era de ascendencia indígena y tuvo el honor de disfrutar de un hábito de la Orden de Santiago. Cumpliendo órdenes reales viajó a España, en donde se le hizo merced de ocho mil quinientos ducados de renta a más del mencionado hábito. Se estableció en Trujillo, Extremadura, donde tenía algunos parientes por parte de madre.

Fueron sus padres don Carlos Inga Yupanqui, natural del Cuzco, y doña María Amarilla de Esquivel, nacida en Trujillo (1542). Los abuelos paternos, don Cristóbal Paullu Topa Inga, el menor de los hijos de Huayna Cápac, casado este con la Coya Añas Colque, y Catalina Tocto Ussica, nacida posiblemente en 1517 en el Cuzco, bautizada en 1543 y fallecida después de 1582. Ambos abuelos eran descendientes de la casa real del incario.

Este noble indio Paullu Topa Inga —bautizado con el nombre de Cristóbal—, abuelo paterno de Melchor Carlos Inga, era hijo de Huayna Cápac, y, como nos dice la Real Academia de la Historia, el

abuelo paterno de Melchor Carlos Inca nació en Cuzco, Perú (VI, 1549). Este príncipe fue leal a los españoles aunque siempre hubo de resistir las presiones de su hermano Manco Inca, sublevado en Vilcabamba, para que se adhiriese a su causa. La abuela paterna, Añas Colque, era dama noble hija de un señor principal. No se sabe exactamente dónde nació, si en Paullo o en Tihuanaco (Bolivia), este último lugar es mencionado por el historiador Juan de Betanzos aunque ninguno de los dos es seguro como cuna de la señora Añas Colque.

Como correspondía a su alcurnia, Paullu Topa Inca recibió una esmerada educación durante los primeros años de vida en Cuzco, donde ayos y maestros de la Corte Imperial le enseñaron a ser un príncipe discreto y hábil en los menesteres de la guerra. Cuando tuvo la edad reglamentaria fue armado «orejón», o sea, caballero principal del Tahuantinsuyo, el Imperio Inca. Al término de su preparación, al decir de los coetáneos, se había convertido en un muchacho de carácter pacífico, «lucido y vistoso».

Paullu Topa Inca se casó con Tocto Ussica, descendiente de Inca Roca. De ella tuvo dos hijos: Carlos Inquill Topa Inga —Melchor Inga— y Felipe Inquill Topa, si bien fuera del matrimonio procreó otros muchos hijos.

Paullu Topa vivía como un español: cabalgaba en un caballo blanco e iba vestido de terciopelo grana y carmesí, lo que no le impidió seguir teniendo gran apego a sus costumbres, ya que en el palacio de Colcampata celebraba fiestas paganas como el Inti Raymi. (Garcilaso de la Vega nos dice que era «esta la principal fiesta y a ella concurrían los curacas, señores de vasallos, de todo el imperio... con sus mayores galas e invenciones que podían haber»). Por lo tanto, era también una festividad con alto contenido político porque legitimaba la sujeción de los pueblos sometidos al estado inca.

Aunque Paullu Topa siempre persiguió la paz, por la enorme conmoción política y social de la época en que le tocó vivir hubo de intervenir en continuos conflictos bélicos e incluso enfrentarse a su hermano Manco Inca en apoyo de los conquistadores, al mando de un ejército de quince o veinte mil indios que le seguían. Por esta conducta ha sido tildado de títere, sin tener en cuenta que de esa forma intentaba preservar a su pueblo de inútiles enfrentamientos, pues, al parecerle muy superior la tecnología armamentística europea, creía que la presencia española era imparable y que resultaba más conveniente unirse al enemigo.

Cuando en 1527 murió Huayna Cápac (nacido Inti Cussi Huallpa, fue el undécimo y antepenúltimo Inca del Tahuantinsuyo), dos de sus hermanastros, Huáscar y Atahualpa, entablaron una cruenta guerra civil por la sucesión al trono. Paullu, criado en Cuzco junto a Huáscar, se puso de parte de este príncipe. El triunfo fue para Atahualpa y con ello se desató una formidable venganza contra los vencidos, aquellos que habían sido los partidarios de Guascar (o Huáscar). Para salvar su vida, Paullu se refugió en una isla del lago Titicaca y, cuando en julio de 1535 volvió al Cuzco, lo hizo en compañía de Diego de Almagro, con este acometió varias batallas y dos años más tarde, en 1537, volvieron al Cuzco, la hallaron sitiada desde hacía más de un año por cien mil guerreros de Manco Inga, esta ciudad estaba casi destruida y sus habitantes exhaustos, la llegada de las tropas de Almagro hizo que se levantase el sitio y los españoles iniciaron la reconstrucción del lugar y de ello encargaron al fiel Pullu. (CARMEN RUBIO).

Baste con ello para mostrar la fidelidad de este indio noble para con los españoles, con lo cual aumentó si no su nobleza, sí sus merecimientos para él y sus descendientes, y así vemos que su nieto, Melchor Carlos Inga, vistió un hábito de una Orden Militar, para lo que había de ser noble «por los cuatro costados», tener merecimientos y una vida intachable.

No terminaremos este breve recordatorio de algunos indios nobles de la ascendencia paterna de Melchor Carlos sin recordar también a los abuelos maternos, que fueron don Diego de Amarilla de Esquivel, natural de Trujillo, y doña Catalina Jiménez Gudelo, de la misma localidad. Ambos pasaron al Perú hacia 1550.

En 1599 nuestro don Melchor Carlos Inga casó en primeras nupcias con doña Leonor Arias Carrasco, nacida en el Cuzco, hija de Pero Alonso Carrasco, caballero del hábito de Santiago, y de Isabel Fernández Cabeza. En segundas nupcias contrajo matrimonio con doña María de Silva, española de la Península, nacida en Madrid y que le sobrevivió.

Al estudioso deseoso de más datos sobre Melchor Carlos Inga remitimos al Archivo de la Biblioteca Nacional de Madrid, donde se halla el manuscrito número 20193 con el título *Ascendencia de Juan Carlos Inga (1539-1636)*.

En cuanto a su descendencia directa, diremos que Melchor Carlos tuvo su primer hijo a los veinte años, vástago nacido fuera de matrimonio, de su unión con una señora indígena llamada Catalina Quispe Sisa Chávez, que en los años siguientes le dio varios hijos más, todos los cuales recibieron nombres muy sonoros: Juan Melchor Carlos Inca, Juana Yupanqui Coya, Carlos Inca y Melchora Clara Coya. Sobre este asunto hay una tesis doctoral de Edurne Temple titulada *La descendencia de Huayna Cápac* —Fondo Editorial UNMSM, Serie Clásicos Sanmarquinos, Lima, 1909—, que puede ser consultada con gran provecho.

Como último dato diremos que el hijo natural de Melchor Carlos Inga, el antes mencionado Juan Melchor Carlos, más tarde fue también investido como caballero de Santiago, lo cual nos dice que su padre lo reconoció y pudo legitimarlo, y además sabemos que envió al hijo habido fuera de matrimonio para que se educase en la Península, al cuidado directo del licenciado don Alonso Maldonado de Torres, consejero de Indias y, por orden concreta del virrey del Perú, marqués de Montesclaros.

A este hijo de origen «irregular» se le concedió el hábito en 1627. Recibió otros honores y recompensas el 10 de mayo de 1629. En su investidura, como todos los caballeros de Santiago, fue reconocido como «noble por los cuatro costados», a pesar de haber nacido fuera de matrimonio y de una mujer sin linaje, Catalina Quispe, india sin nobleza alguna; el hecho de que el candidato y su padre descendieran de la familia de los Incas fue suficiente.

La Leyenda Negra no sabe qué argüir ante ejemplos como este. De hecho, los requisitos necesarios para ser investido con hábito de una Orden Militar fueron menos exigentes con los naturales de allende los mares que con los españoles de la Península, como asevera una y otra vez Guillermo Lohmann Villena en su libro ya citado. Y no es que no se exigiesen los mismos requisitos, es que no se indagaba demasiado, era necesario integrar a los nuevos españoles tanto como fuese posible.

BIBLIOGRAFÍA

Archivo Histórico Nacional (AHN): Órdenes Militares. Santiago. Pruebas de Caballeros. Melchor Carlos Inga. Año 1606. Caja 768. Expediente 408, Madrid.

BETANZOS, Juan de: *Suma y narración de los Incas*, Ediciones Polifemo, Madrid, 2005.

Biblioteca Nacional: *Ascendencia de Juan Carlos Inga*. Manuscrito 20193.

CIEZA DE LEÓN, Pedro: *El señorío de los Incas. Segunda parte de la Crónica del Perú*, t. III, Biblioteca Peruana, Lima, 1968.

COBO, Bernabé: *Historia del Nuevo Mundo*, Biblioteca de Autores Españoles, vols. 91 y 92, Madrid, 1956.

GUILLÉN, Edmundo: *La guerra de reconquista Inca*, R. A. Ediciones, Lima, 1994.

MOLINA, Cristóbal de (llamado el Chileno para distinguirlo de su homónimo el Cuzqueño): *Conquista y población del Perú o Destrucción del Perú*, Biblioteca Peruana, Lima, 1958.

MURÚA, Martín de: *Historia General del Perú*, Dastin, Madrid, 2001.

VEGA, Garcilaso de la (conocido como el Inca): *Comentarios Reales de los Incas* [Lisboa, 1609], Biblioteca de Autores Españoles, vol. 135, Madrid, 1963.

Don Martín Cortés el Mestizo (1523-1595), hijo de Hernán Cortés y de doña Marina-Malinalli, la Malinche. Caballero de Santiago

Demasiado poco se sabe de la vida y aventuras de Martín Cortés, considerando que fue el primer mestizo famoso nacido de español y mujer indígena. Fue su padre, como es sabido, don Hernán Cortés y Altamirano, gobernador y capitán general de Nueva España, nacido en Medellín (Badajoz) alrededor de 1495 y fallecido en Sevilla en 1547. A Hernán Cortés, conquistador del Imperio azteca, se le otorgó el título de marques del Valle de Oaxaca en reconocimiento por sus servicios a la Corona «y especialmente en el descubrimiento y población de la Nueva España», siendo el primer tenedor del mismo y, aunque el título de marqués solo mencionaba el Valle de Oaxaca, la realidad era otra: las tierras del marquesado cubrían un área mucho más grande que el citado valle, pues comprendían una vasta extensión de las hoy entidades mexicanas de Oaxaca, Morelos, Veracruz, Michoacán, estado de México y Ciudad de México.

Si el padre de Martín fue el famoso Hernán Cortés, la madre fue la señora indígena conocida como la Malinche, de nombre indígena Mallinali, una mujer náhuatl —actual estado de Veracruz—. Mallinali era hija del cacique de Painala, y ella tenía en el lugar la consideración de princesa. Recordemos que también las Leyes de Indias distinguían a los caciques y curacas, sus hijos e hijas incluidos, como nobles de Castilla.

Ya hemos visto anteriormente el tipo de relación que tuvieron Cortés y Mallinali, y no insistiremos en ello. De ellos nació Martín Cortés (1523/24), en puridad hijo mayor del conquistador y quien tendría que haber sido su heredero, pero dado que no había nacido dentro de unión matrimonial, sino que era hijo natural, tenía por delante a todos los hijos de Cortés nacidos dentro de sus sucesivos matrimonios por ser hijos legítimos o, como se decía, «hijos de mujer velada».

En todo caso, sabemos que Cortés amó a los hijos habidos con Mallinali y consiguió al menos quitarles la aparente afrenta de su origen pidiendo al rey y al papa su legitimación, vistos los grandes servicios prestados a la Corona y la labor realizada en la extensión de la religión católica en las tierras conquistadas. Su petición fue atendida y Martín Cortés quedó legitimado junto con sus hermanos Catalina y Luis en una bula papal de Clemente VII, en 1529. Martín tenía entonces unos seis años.

Muy pronto el niño pasó a España para ser educado tal y como deseaba su padre, que según creía se lo debía a la alcurnia de su estirpe. Con este fin fue desligado de su madre y entregado a un primo de don Hernando, el licenciado Juan de Altamirano. Parece que Martín nunca volvió a ver a la Malinche[1].

Cuando Martín era aún muy joven su padre pidió para él un hábito de Santiago y, como su origen «viciado» había sido legitimado por el papa, no hubo obstáculo alguno y se cruzó como caballero de Santiago. No hemos hallado la fecha exacta, pero se sabe que aún era un niño. Por entonces fue nombrado paje del Felipe II, cuando este era aún príncipe, como tal sirvió con otros hijos de nobles y fue educado en las armas y el ideal caballeresco del estoicismo, la generosidad, la fidelidad y la prudencia. Durante su estancia en España Martín siempre estuvo cerca del poder, por lo que ello fue en él connatural.

En 1533, del matrimonio de Cortés y su esposa española Juana de Zúñiga nació un varón al que bautizaron como Martín Cortés Zúñiga, esta identidad de nombres entre los dos primeros hijos del conquistador ha dado lugar a innumerables equivocaciones entre uno y otro a lo largo de la historia, ya que la documentación reza muchas veces como «Martín Cortés» sin especificar si Zúñiga o Mallinali. Diez años separaban a un Martín del otro.

Habiendo recibido un hábito de Santiago en su infancia, nuestro Martín —Mallinali— llegó a comendador de la misma Orden, y ello debido a su padre, que siempre fue muy devoto del «Santo Patrón de las Españas», tal y como atestiguan varios cronistas, entre ellos Francisco Cervantes de Salazar[2], que recoge referencias a la devoción santiaguista de Cortés. En la célebre batalla de Otumba, el capitán general se dirige a sus hombres con estas palabras:

> Pidamos el favor a Dios; esta es su causa, este es su negocio, por Él hemos de pelear. (...) Encomendémonos a la Virgen María, Madre suya; sea nuestra intercesora; favorézcanos mi abogado Sant Pedro y el Patrón de las Españas Sanctiago.

Mil y mil testimonios de esta invocación al santo se hallan en las crónicas. En 1511 Cortés formaba parte de la expedición a Cuba liderada por Diego Velázquez de Cuéllar, quien funda en la isla la ciudad de Santiago de Baracoa y nombra alcalde a Hernán Cortés. Años más tarde, la operación se repetiría con idénticos protagonistas. Velázquez funda en esta ocasión (1515) Santiago de Cuba y designa desde ese momento a Cortés como su primer alcalde. Allá por donde pasó abundan los nombres del apóstol Santiago, e iglesias y catedrales se erigieron por su orden para honrar al santo, no es de extrañar que él mismo desease vestir el hábito del santo; al que atribuía sus muchos triunfos allende el océano.

Para el lector curioso, indicamos que en el Archivo Histórico Nacional —Orden Militar de Caballeros de Santiago, exp. 2169— se conserva la documentación relativa a las pruebas para la concesión del título de caballero de la Orden de Santiago a Hernán Cortés, una dignidad que solicitó en 1525. El expediente, que firma Diego González de Carvajal, caballero y administrador de la Orden, se refiere a Cortés señalando «que su propósito e voluntad es ser en la dicha orden por devoción que tiene al bienaventurado apóstol Señor Santiago, suplicándome lo mandase admitir e darle el ábito e ynsinia de la dicha horden». Cuatro años después, en 1529, el mismo año de la legitimación de sus vástagos, pidió la misma merced y hábito para su hijo —no hemos hallado el documento original de la petición—, lo cual le fue concedido.

Varios años permaneció Martín Cortés en la Península, hasta que en 1563 retornó a la Nueva España con sus dos medio hermanos: su homónimo Martín Cortes (Zúñiga) y el otro bastardo, Luis Cortés. Los hijos de Hernán Cortés entraron a la Ciudad de México el 17 de enero de 1563 y fueron recibidos como correspondía a su alcurnia.

Desgraciadamente, en su patria de origen nuestro Martín se vio envuelto en un turbio asunto que casi le cuesta la vida: una acusación de traición al rey Felipe II, asunto en el que estuvieron también involucrados sus hermanos.

En 1540 Hernán Cortés había viajado a la Península y en 1542 fueron promulgadas las llamadas Leyes Nuevas. Visto el poder y la riqueza que Felipe II creyó estaban acumulando los grandes poseedores de tierra y encomiendas, por las Leyes Nuevas, se dictaminó que en adelante no se permitiría a los conquistadores españoles transmitir sus encomiendas de padres a hijos, es decir, no podrían heredarse. Martín Cortés Zúñiga, que era el heredero del marquesado del Valle de Oaxaca y de los extensos territorios anejos, al ver lo dictaminado se manifestó en contra y encabezó una protesta, episodio que es conocido en la historia como la Conspiración de Martín Cortés.

Pronto, el representante de la Real Hacienda denunció los hechos al virrey como un desacato directo a Felipe II, y todos los conspiradores fueron detenidos. Entre los reos se encontraban los tres hijos de Hernán Cortés, el Marqués, el Mestizo y Luis, así como el deán Juan Chico de Molina y los hermanos Alonso y Gil González de Ávila. Sentenciados a muerte estos dos últimos, fueron conducidos al patíbulo levantado en la Plaza Mayor, frente al ayuntamiento de la Ciudad de México, y a la luz de antorchas fueron degollados en presencia de todos los vecinos con el fin de que ello sirviese de escarmiento en cabeza ajena, por si alguien pensase en unirse a la protesta.

Pocos días después del mencionado suceso llegó a México el virrey Gastón de Peralta, quien, conociendo la importancia del heredero de Hernán Cortés, intercedió por el marqués del Valle de Oaxaca y pudo salvarle la vida. Seguidamente, y para evitar males mayores, le envió a España: si había de ser juzgado, que lo hicieran otros[3].

Para evitar otros levantamientos y protestas, los oidores pensaron que aumentando las ejecuciones disminuiría drásticamente el número de descontentos, y si lo estaban no se atreverían a manifestarlo, pero el virrey Gastón de Peralta se opuso a más condenas. Irritados por la decisión, los oidores se dirigieron directamente a don Felipe participándole las protestas sobre las Leyes Nuevas. Al escuchar sus quejas y razones el rey se alarmó, pues los oidores acusaban de lo ocurrido directamente al virrey, razón por la que don Felipe empezó a dudar de la eficacia del gobernante y nombró unos visitadores extraordinarios para que fuesen al Perú a comprobar lo ocurrido. Fueron estos enviados los licenciados Jaraba, Muñoz y Carrillo. Jaraba murió en la travesía y Carrillo se subordinó al licenciado Alonso Muñoz, quien ejerció una verdadera dictadura judicial que duró seis meses. Por su alegato, el virrey fue destituido, enjuiciado por deslealtad y remitido a España[4].

La solución del licenciado Muñoz también desembocó en el encarcelamiento de varias personas notables a quienes, además, les fueron secuestrados sus bienes; los apresados fueron tantos que las cárceles no daban abasto. Se construyeron nuevos calabozos que por mucho tiempo se conocieron como «los calabozos de Muñoz». Gómez de Victoria y Cristóbal de Oñate el Joven fueron sentenciados a morir ahorcados; los hermanos Pedro y Baltasar Quesada murieron decapitados. Antes de la ejecución, se les paseó por las calles en bestia de albarda acompañados de un pregonero que gritaba «Esta es la justicia que manda Su Majestad: quien tal traición hace que tal pague». Tras el ajusticiamiento, los cuerpos de las víctimas fueron descuartizados y sus bienes, confiscados.

No se libró Martín Cortés el Mestizo de la ira justiciera del licenciado Muñoz; fue sometido a tormento para arrancarle confesión. Se le aplicó el de cordeles, consistente en enrollar en los brazos y en las piernas del reo cuerdas de esparto que se iban tensando progresivamente, y las jarras de agua —con un embudo en la boca al atormentado se le forzaba a ingerir grandes cantidades de líquido—. La tortura pretendía arrancarle el nombre de los confabulados, al menos de los que él conociera, pero el Mestizo no delató a nadie. Está documentado que no reveló el nombre de ninguno de los conspiradores, limitándose a repetir una y otra vez: «He dicho la verdad, no tengo más que decir».

Las inhumanas acciones del licenciado Muñoz fueron denunciadas al rey, quien en la Semana Santa de 1568 giró órdenes para que se presentara en España a la brevedad. Muñoz fue recibido por Felipe II, quien le reprochó enérgicamente su conducta; sin saber cómo ni porqué, al día siguiente el visitador fue encontrado muerto en su habitación

Por su parte, los frailes franciscanos —que siempre han sido más compasivos que los dominicos— informaron al monarca de que la supuesta conspiración había sido poco más que una distracción de ociosos, jóvenes y damas con poco seso. Los frailes lamentaban la muerte de varios de los acusados, pues opinaban que eran inocentes de traición y demás cargos.

Aunque en un juicio los hijos de Cortés —Martín Mallinali y Luis— habían sido hallados culpables, el rey don Felipe se condolió y, en 1574, les perdonó la pena: su castigo consistió en ser desterrados a la España peninsular. Tal vez Felipe II sentía remordimiento por los ajusticiados sin razón.

De Martín Cortes Mallinali poco más se conoce que añada interés a nuestro relato. Sabemos que casó con una dama llamada Bernardina de Porras, nacida en 1527, hija de Francisco de Porras (1554-¿?) y de Isabel Enríquez. Suponemos que la esposa era dama de la nobleza, pues los caballeros del hábito de Santiago solo podían matrimoniar con nobles señoras, y en su documentación debían justificarlo: de no ser noble la novia «por los cuatro costados» el casamiento no era autorizado.

Fueron hijos de Martín y Bernardina Fernando Cortés de Pizarro de Porras, Ana Cortés de Pizarro de Porras y Hernán Cortés. No hemos podido hallar más datos acerca del matrimonio, a pesar de haberlos buscado con interés. Descanse en paz Martín Cortes, hijo de Hernán Cortés y de una noble indígena conocida como la Malinche, hijo legitimado y caballero de Santiago.

Con el tiempo, la falta de descendencia masculina por parte de la familia Cortés obligó a que pasara por línea femenina a los duques de Terranova y, más tarde, a los de Monte Leone.

Bibliografía

CERVANTES DE SALAZAR, Francisco: *Crónica de la Nueva España*, vol. II, 1575 (versión e-book).

GÓMEZ de OROZCO, F.: *Doña Marina, la dama de la conquista*, Ed. Xotchil, México, 1942, p.136.

MARTÍNEZ, José Luis: *Hernán Cortés*, Fondo de Cultura Económica, México, 1992, pp. 360-363.

MENÉNDEZ, Miguel Ángel: *Malintzin*, La Prensa, México, 1964, p. 203.

MEZA, Otilia: *La Malinche, la gran calumniada*, Ed. EDAMEX, México, 1985, p. 215.

NOVO, Salvador: *Historia y leyenda de Coyoacán*, Ed. Porrúa, México, 1971, pp.70-71.

PEREYRA, Carlos: «Don Martín Cortés», en *Historia del pueblo mexicano*, 1956, vol. I, cap. XXIV, pp.124-128.

—: «El licenciado Alonso Muñoz», en *Historia del pueblo mexicano*, 1956, vol. I, cap. XXV, pp. 129-131.

Notas

[1] F. Gómez de Orozco: *Doña Marina, la dama de la conquista*, p.136.
[2] Francisco Cervantes de Salazar: *Crónica de la Nueva España* (1575), vol. II.
[3] Para más datos, véase Carlos Pereyra, *Historia del pueblo mexicano*, vol. I, cap. XXIV: «Don Martín Cortés», p.124-128.
[4] *Idem*, cap. XXV: «El licenciado Alonso Muñoz», pp.129-131.

Gregorio Choquehuanca[1] (1730-1793?). Presbítero, caballero supernumerario de la Real Orden de Carlos III en 1792

El nativo don Gregorio Choquehuanca era descendiente de los curacas de Ayaviri, distrito de la provincia de Melgar en el que vino al mundo, ubicado en el departamento peruano de Puno —hoy día capital ganadera del Perú—. Fue bautizado cuando tenía 10 meses, el 4 de agosto de 1731.

Sabemos de él que abrazó la vida religiosa y que desempeño un oficio honorífico en la Iglesia, siendo caudatario[2] del ilustre obispo don Juan de Castañeda Velázquez. No hay demasiados datos sobre la vida de este presbítero, párroco de Ayaviri, cura de Putina y de Azángaro, prebendado racionero[3] del cabildo eclesiástico de la catedral de Charcas, en el Alto Perú, licenciado y alto funcionario eclesiástico en Chuquisaca. Canónigo prebendado de la catedral de Chuquisaca, se hizo cargo de esa canonjía en 1784 y, aun siendo claramente descendiente de linaje indígena, mereció ser caballero supernumerario de la Orden de Carlos III de España (1793), Orden de las más preclaras que otorgaba la Corona a nobles que lo habían merecido por sus especiales virtudes.

Como presbítero, sirvió como capellán de honor de las tropas que lucharon contra el rebelde Túpac Amaru; en aquellos momentos nuestro don Gregorio era racionero de la catedral de Charcas.

Su ascendencia, claramente indígena, es la siguiente:

- Sus padres fueron el coronel Diego de Choquehuanca, nacido en Azángaro y allí mismo bautizado, el 1 de julio de 1705.

Al mismo tiempo fue cacique y gobernador de ese pueblo, y por el hecho mismo de ser cacique era hidalgo a Fuero de España, noble como otro español que lo fuera por sus padres. Casó el coronel cacique con doña Melchora de Béjar, también natural de Azángaro.

- Su abuelo por parte de padre fue el sargento mayor don José Choquehuanca, nacido en Azángaro y gobernador del ayllu de Collana. Recordemos que el ayllo o ayllu, la base de la organización social del incario, es el conjunto de individuos o de familias unidas por ciertos vínculos, como un origen común —real o ficticio—, que eran descendientes de un antepasado, verdadero o mítico, y vivían en un lugar determinado. Entre las comunidades indígenas del Perú, en general, el ayllu es la unidad esencial donde se distribuyen la riqueza, los cultivos, etcétera.

- El sargento mayor José Choquehuanca casó con doña Ana Puraca, señora indígena, nacida en el mismo pueblo que su esposo, lugar en que se celebró la boda, el 22 de febrero de 1694.

- Entre los bisabuelos, Manuel Choquehuanca —natural de Azángaro, hijo de Melchor Choquehuanca Titu Atauchi Inca y de Juana Pui—, y su esposa, Francisca Quispe, todos de Azángaro.

Gregorio Choquehuanca recibió su nombramiento como caballero supernumerario de la Orden de Carlos III en Azángaro en 1792. Para los no duchos en el asunto de las Órdenes Militares, tal vez sea pertinente aclarar que la Real y Muy Distinguida Orden de Carlos III fue establecida por el rey de España Carlos III, mediante Real Cédula de 19 de septiembre de 1771, con el lema latino *Virtuti et merito*, con la finalidad de condecorar a aquellas personas que se hubiesen destacado especialmente por sus buenas acciones en beneficio de España y la Corona. Desde su origen es la más distinguida condecoración civil que puede ser otorgada en España, aunque desde su creación se encuentra dentro de la categoría de las Órdenes Militares.

Retomamos nuestra historia y aclaramos que nuestro protagonista, Gregorio Choquehuanca, fue agraciado como caballero supernumerario y no de número, pues su condición de clérigo le impediría empuñar las armas como lo haría un soldado o guerrero en caso de necesidad; por esta razón, los clérigos de cualquier rango —obispos, abades, párrocos, etcétera— eran siempre supernumerarios, sin que esto significase categoría o calidad inferior.

Su expediente confirma el cacicazgo de Azángaro a favor de don Diego de Choquehuanca —cuarto abuelo del pretendiente—; el documento del cacicazgo está firmado por los virreyes don Fernando de Torres y Portugal, el 5 julio de 1587, y por don García Hurtado de Mendoza el 4 de noviembre de 1591. Toda vez que la merced fue recibida en 1793, la nobleza surgida del cacicazgo tenía en su familia al menos doscientos años.

En el expediente se halla también una certificación de que el pretendiente, Gregorio Choquehuanca, procedía de los monarcas indígenas por el apellido Titu que figuraba en su ascendencia —de Titu Atauchi, hijo de Huáscar, el hermano de Atahualpa—.

Con el testimonio documental del cruzamiento de Gregorio Choquehuanca se ve cómo el origen de los caballeros de las Órdenes Militares, fuesen estos españoles peninsulares o españoles indígenas, era indiferente ante la ley y la costumbre, siempre que fueran nobles y distinguidos por sus vida ejemplar. Y eso aunque a veces se pasaron por alto los pecadillos de la carne, como sucedió con nuestro presbítero, que tuvo hijos con la viuda de su hermano. También se tomaban en cuenta las acciones meritorias del candidato, fueran actos civiles o religiosos. Nunca se despreció al indio o sus derechos, fuese cacique u hombre llano, eso vino después de la independencia, cuando las autoridades criollas se quedaron con el poder y tal vez se creyeron superiores a los indígenas. Tras la independencia ya no podía el indio acudir al rey —instancia superior— en busca de justicia. El blanco criollo se creyó mejor que el indio y mejor que el mestizo, a quien llamó «media sangre».

Antes de la independencia el indio pudo ser y tener cualquier cosa. Veamos lo publicado en el diario limeño *El Comercio* el 4 de febrero de 2010:

> Diego Choquehuanca Huaco Túpac Inca (Azángaro 1705-1792), por ejemplo, fue cacique principal y gobernador de Azángaro. Se sabe que llegó a tener 11 haciendas, un palacio en Azángaro, 100 mil cabezas de ganado ovino, 20 mil vacas, 10 mil alpacas y llamas. No es de extrañar que en esa época Diego fuera el hombre más poderoso de la región y quizás de todo el departamento.

Quisiera saber si hoy en día en Hispanoamérica algún indio puede presumir de algo semejante. Hoy, cuando se supone que ellos mismos, y los bolivarianos, se gobiernan buscando justicia para los indígenas, sus semejantes, abominando de aquellos malvados españoles que se casaron con sus mujeres y formaron una nueva raza, a la que trataron como al resto de súbditos de la Corona, unas veces mal y otras bien, pero sin hacer distingos.

Y no es que no hubiese entonces hombres malos y explotadores de sus semejantes, ayer y hoy también, como los habrá mañana, pero las leyes apoyaban a los súbditos sin fijarse en color u origen. Los apoyaban según las leyes y las costumbres mejores del siglo, los apoyaba el país que descubrió el germen de los derechos humanos.

Añadiremos algo: Ronal Edward, escritor e historiador peruano y estudioso de esta familia Choquehuanca, nos dice

> Desde la colonia y durante más de 300 años, los Choquehuanca fueron los caciques de Azángaro y la familia más rica en esta provincia. Con la Independencia pierden ese título y después, durante la República, la familia llega a perder todas sus propiedades.

El historiador Nils Jacobsen escribe en su libro, *Mirages of Transition, The Peruvian Altiplano 1780-1930*, que «con la pérdida del cacicazgo terminó también la autoridad política de la familia». La independencia no fue fructífera para todos, y menos que nadie para el español indio.

Bibliografía

CADENAS Y VICENT, Vicente: *Extracto de los expedientes de la Orden de Carlos 3*, 1771-1847, p. 220 P. N. *Cacique de Azangaro y descendiente de los últimos Reyes Incas en cuya posición se le mando amparar por Real Provisión*, Editorial Hidalguía.

JACOBSEN, Nils: *Mirages of Transition, The Peruvian Altiplano 1780-1930*, University of California Press, 1993.

LOHMANN VILLENA, Guillermo: *Los americanos en las Órdenes Nobiliarias (1529-1900)*, 3 vols., Consejo Superior de Investigaciones Científicas, Instituto Gonzalo Fernández de Oviedo, Madrid, 1947.

QUESADA, Juan Isidro: *Paseo genealógico por la Argentina y Bolivia*, 1.ª ed., Centro de Genealogía de Entre Ríos, Buenos Aires, 2006.

Notas

[1] Para más información, véase *Los Chuquihuanca hacia la época de Túpac Amaru*, Actas del XXII Congreso Americanista, Lima, 1942, pp. 411-420.

[2] El caudatario era el religioso encargado de llevar la cola a la capa —cauda— pluvial del obispo en las grandes ceremonias.

[3] Administrador eclesiástico de bienes.

Juan Alonso de Vera y Zárate (1580?-1633), adelantado del Río de la Plata. Caballero de la Orden de Santiago en 1615

E ste caballero, don Alonso de Vera y Zárate, nació en Chuquisaca, hoy Argentina, hacia 1578 o 1580, y falleció en Córdoba, también Argentina, en 1633. Su familia, «hidalga de solar conocido», como se decía por entonces, prosperó tanto allende los mares que la vida política de aquel lugar llegó a girar alrededor de este linaje. Habían probado su hidalguía justificando tres actos jurídicos, en cada uno de los cuales la documentación mencionaba la de los pretendientes: los documentos exhibidos fueron una capitulación, un testamento y un matrimonio.

Fueron los padres de Alonso de Vera y Zárate el licenciado don Juan Torres de Vera y Aragón, nacido en Estepa, hermano de padre y madre de don Francisco de la Vera y Aragón —caballero de Santiago y embajador en Venecia, oidor de las Audiencias de Chile y Charcas— y segundo adelantado del Río de la Plata, y doña Juana Ortiz de Zárate, nacida en La Plata.

Los abuelos paternos, don Alonso de Vega y Aragón, nacido en Llerena, y doña Luisa de Torres, nacida en Estepa. Y en cuanto a los maternos, el Adelantado del Río de la Plata, don Juan Ortiz de Zárate, nacido en Orduña (Vizcaya), caballero de Santiago, y doña Leonor Yupanqui, nacida en el Cuzco, del más alto linaje del incario, como hija del segundo emperador Túpac Yupanqui, quien fuera a su vez el décimo soberano desde 1471, y de su esposa principal y hermana Mama Ocllo.

Felipe II había firmado un «pacto» con Juan Ortiz de Zárate, abuelo de nuestro personaje, en virtud del cual el rey le otorgaba la facultad de elegir sucesor, para cuando llegara el caso, a cuenta de sus éxitos futuros. Si todo salía bien, por tanto, Juan Ortiz de Zárate podría designar a quien fuera de su gusto en el cargo de adelantado «de la extensa comarca a conquistar, poblar y colonizar». Como se ve, nada de esto existía en ese momento: de no «conquistar, poblar y colonizar» aquella —posible— extensa comarca, el pacto no tendría sentido y Ortiz de Zárate nada podría transmitir a «su heredero elegido por él mismo por permiso real».

En todo caso, lleno de optimismo, Juan Ortiz de Zárate escogió en primer lugar como sucesor —sucesora en este caso— a su hija Juana, aunque no lo hizo directamente, pues al ser mujer no sería sujeto viable para tales nombramientos, y por tanto en su lugar designó a su yerno: Juan de Torres de Vera y Aragón, oidor de la Real Audiencia de Charcas, con vistas a que Juana tuviese una buena vida. Los cargos: adelantado, gobernador —a futuros—, capitán general, justicia mayor y alguacil mayor de las provincias de Río de la Plata.

En segundo lugar, fue designado heredero de todos los mencionados puestos y honores su nieto, Juan Alonso, el hijo del matrimonio de Juana Ortiz de Zárate Yupanqui con Juan de Torres —Juan Alonso llevaba el primer nombre igual al de su padre y el segundo al de su abuelo materno—. El joven estaba entroncado con gran parte de la nobleza del incario; por ejemplo, su tía materna era Isabel Chimpu Ocllo, que se había unido con el hidalgo hispano-extremeño Sebastián Garcilaso de la Vega, corregidor del Cuzco desde 1554, ambos conocidos como padres del gran escritor, el Inca Garcilaso de la Vega.

Los primeros servicios prestados a la Corona por parte de Juan Alonso de Vera y Zárate fueron a los 14 años de edad, cuando el muchacho acompañó a Fernando Ortiz de Zárate; este caballero era primo hermano de Juan Ortiz de Zárate y también caballero del Orden de Santiago. En 1544, estando en el puerto de Buenos Aires con tropas santiagueñas, tío y sobrino rechazaron al invasor extranjero, ganando renombre por este hecho.

Nuestro protagonista, Juan Alonso de Vera y Zárate, casó en 1602, cuando tenía unos 22 años, con María de Figueroa, dama de ilustre familia, en el lugar de La Plata; cinco años más tarde, en 1607, viajó a la Península con la intención de hacer valer ante la Corona sus méritos familiares. Lo hizo ante Felipe III, presentando a trámite un expediente de mérito por las acciones de su padre en el reino de Chile y de su abuelo en el Perú, y de ambos en Río de la Plata

En la solicitud presentada pedía la merced

> de un hábito de alguna de las tres órdenes militares (Santiago, Calatrava o Alcántara) para el dicho su padre y plaza de Presidente de una de las Audiencias de las Indias; y asimismo otro hábito para él con seis mil ducados de renta en estos reinos y además el título de marqués o conde, conforme a uno de los capítulos del asiento que el dicho su abuelo tomó ante Felipe II.

Solicitaba también que este título, con sus doce mil pesos, designara como cabeza el nombre de alguna de las ciudades que su abuelo o su padre habían poblado.

No se quedaba corto el peticionario, pues igualmente deseaba otros diez mil pesos de renta en el Perú, todo ello en cumplimiento «del contrato que el dicho Adelantado Juan Ortiz de Zárate tomó con su Majestad». Pedía se conservase en él el título de adelantado que conforme al dicho contrato con S. M. había de ser «perpetuo en sus descendientes y en su casa y mayorazgo». Por lo visto, por parte de la Corona no se había cumplido lo pactado, cosa nada rara en aquellos tiempos en que los dineros escaseaban y las recompensas —si existían— habían de ser honores o promesas de estos en un futuro porvenir, algo que de momento al monarca le costaba nada o poco.

La Real Academia de la Historia, en un trabajo de don Miguel Héctor Fernández-Carrión, apunta que «el 15 de mayo de 1610, el Consejo de Indias estableció un dictamen, por el que se le nombraba Adelantado del Río de la Plata», y le concedió igualmente «un hábito de una de las órdenes militares (que fue de Santiago) y dos mil ducados de renta en indios vacos del Perú, por dos vidas», dictamen que firmó el rey, y el 5 de diciembre de 1615 le designó también gobernador de Tucumán, cargo que ejerció durante diez años. No era lo solicitado por el peticionario, pero algo era.

De regreso a Río de la Plata, en 1617, don Alonso de Vera y Zárate fue apresado por los piratas holandeses en las costas de Brasil, pero, posteriormente liberado, llegó a Buenos Aires en abril de 1619, desde donde se trasladó a Córdoba (24 de mayo), para tomar posesión como primer gobernador criollo de la provincia de Tucumán, en Santiago del Estero. Seguidamente, partió para la ciudad de La Plata, con licencia del presidente y oidores, «a negocios importantes del servicio de Dios y de su Magestad», aunque realmente le movía atender asuntos familiares e ir a por su mujer, que había permanecido allí desde que él marchó a España.

Vera y Zárate ejerció el cargo de gobernador hasta mediados de 1627. El 5 de junio de 1633 el adelantado Juan Alonso de Vera y Zárate, ante el notario Domingo Fuentes, traspasó a los jesuitas y los nativos a ellos encomendados los derechos de todo el ganado cimarrón —silvestre o salvaje— de la jurisdicción de la tenencia de gobierno de Corrientes, introducido en esas provincias por su abuelo Juan Ortiz de Zárate.

Sin duda presentía su muerte, y testó ante Pedro de Aibar en la ciudad de La Plata, provincia de Charcas, el 23 de junio de ese mismo año de 1633. Falleció el viernes 1 de julio de 1633.

Sirva este nuevo ejemplo para constatar cómo los descendientes de matrimonios mixtos, entre blancos y cobrizos, a quienes llamaron criollos, tuvieron a su vez vástagos que ocuparon altas posiciones, casaron con nobles de su mismo rango y fueron aceptados en las Órdenes Militares como «nobles por los cuatro costados». Así fue con don Juan Alonso de Vera y Zárate, descendiente de Juan Ortiz de Zárate, casado este con Leonor Yupanqui, hija del emperador Túpac Yupanqui, que fue nombrado caballero de Santiago, el grado más alto de nobleza. Nunca se discriminó a los indios ni a las indias, y tampoco a sus descendientes en cualquier grado.

BIBLIOGRAFÍA

ALLENDE NAVARRO, Fernando: *La Casa-torre de Allende del Valle de Gordejuela. Origen y descendencia*, ed. Nascimento, 1964.

Archivo de los Tribunales de Córdoba (Argentina): Escribanía 1. Leg. 60. Exps. 4 y 8; Escribanía 2. Leg. 8, Exp. 7.

Archivo General de Indias: Escribanía de Cámara 1. Testamento de Juan Alonso Vera y Zárate.

CALVO, Luis María: *Santa Fe la Vieja: población y grupos familiares españoles, 1573-1660*, Academia Nacional de la Historia, Buenos Aires, 1999.

CENTENO CENTENO, F. (dir.): *Catálogo de documentos del Archivo de Indias*, t. I, Imprenta y Casa Editora Juan A. Alsina, Buenos Aires, 1901.

ESPEJO, Juan Luis: *Nobiliario de la Capitanía General de Chile*, Ed. Andrés Bello, 1966.

FERNÁNDEZ-CARRIÓN, Miguel Héctor, *et. al.*: «Pueblos indígenas, historiografía y actualidad», en *Historiografía global*, t. III, Carlos Barros (ed.), A Coruña, 2009.

Genealogía (revista del Instituto Argentino de Ciencias Genealógicas) n.º 16 y 17, Buenos Aires, 1976.

GÓMEZ NADAL, Emilio: *Juan Ortiz de Zárate, tercer adelantado del Río de la Plata, 1515?-1576*, Ed. Vives Mora, Valencia, 1935.

LOHMANN VILLENA, Guillermo: *Los americanos en las Órdenes Nobiliarias (1529-1900)*, 3 vols., Consejo Superior de Investigaciones Científicas, Instituto Gonzalo Fernández de Oviedo, Madrid, 1947.

LUQUE COLOMBRES, Carlos A.: *Don Juan Alonso de Vera y Zárate, adelantado del Río de la Plata*, Publicaciones del Instituto de Estudios Americanistas de la Universidad Nacional de Córdoba, Serie Histórica, n.º 9, Imprenta de la Universidad Nacional de Córdoba, 1944.

MORA MÉRIDA, José Luis, y NAVARRO GARCÍA, Luis: *Historia social de Paraguay, 1600-1650*, CSIC, Sevilla, 1973.

SORG, Gustavo Miguel: *Juan Torres de Vera y Aragón y la Nueva Historia de la fundación de la Ciudad de Vera*, Municipalidad de la ciudad de Corrientes, 2007.

TUDELA DE LA ORDEN, J.: «Alonso de Vera y Zárate», en G. Bleiberg, *Diccionario de la Historia de España*, 3 vols., Alianza Editorial, Madrid, 1981.

Juan Enríquez de Almansa y Borja (1619-1675), también conocido como Juan Enríquez de Borja y Almansa. Militar criollo, VIII marqués de Alcañices y II marqués de Santiago de Oropesa. Caballero de la Orden de Calatrava

Juan Enríquez de Almansa y Borja era el segundo hijo de Juan Enríquez de Borja. Ya hemos hablado anteriormente de este último: caballero de la Orden de Santiago desde 1544, capitán general de la Armada de Barlovento, casado con la dama mestiza Ana María Lorenza Coya de Loyola, marquesa de Santiago de Oropesa, adelantada del Valle Yupanqui y señora del Valle de Loyola. Ana María Lorenza era la única hija de Beatriz Clara Coya —hija a su vez de Sayri Túpac y sobrina del Inca rebelde Titu Cusi, heredera de una de las mayores fortunas peruanas, que incluía el extenso repartimiento de Yucay— y del capitán Martín García Óñez de Loyola.

El nieto de Beatriz Clara Coya, Juan Enríquez de Almansa y Borja sucedió en los títulos como II marqués de Santiago de Oropesa y VIII marqués de Alcañices, señor de la casa de Loyola y comendador militar de Alcañiz en la Orden de Calatrava desde 1597.

Casó nuestro militar criollo más de una vez. Contrajo un primer matrimonio en Madrid, el día 28 de febrero de 1634, con Ana de la Cueva y Enríquez (1622-1650), hija de Francisco Fernández de la Cueva, VII duque de Alburquerque, IV marqués de Cuéllar, VII conde de Ledesma y de Huelma, y de su segunda mujer, Ana Enríquez de Cabrera y Colonna, hija de los IV duques de Medina de Rioseco. Asistió a la boda el rey Felipe IV, tal y como reseña Jerónimo Gascón de Torquemada —este Torquemada fue cronista, funcionario y cortesano del siglo XVII— en su *Gaçeta y nuevas de la Corte de España* y tal y como se ha consignado anteriormente en estas páginas.

Del primer matrimonio nació una hija: Ana Enríquez de la Cueva, que casó en un linaje muy principal, pues fue el esposo Jaime Francisco Sarmiento de Silva y Fernández de Híjar, V duque de Aliaga, de Híjar y de Lécera, VIII conde de Belchite, IX de Salinas, IX de Ribadeo, V de Vallfogona y IV de Guimerá, XV vizconde de Ebol, XV de Canet, XIV de Illa y IV de Alquerforadat. El matrimonio no tuvo descendencia. En todo caso, lo que nos interesa para nuestro propósito es constatar una vez más cómo los criollos con indios en su linaje no fueron postergados por las más altas familias. De forma coloquial diríamos que no fueron «mirados de lado». Los españoles cobrizos eran bien recibidos por la sangre más azul.

Nuestro Juan Enríquez de Almansa y Borja contrajo un segundo matrimonio en 1651 con Ana de Velasco y Tovar (m. 1688), hija de Bernardino Fernández de Velasco y Tovar —el cual era nada menos que XI condestable de Castilla, VI duque de Frías, IX conde de Haro, V marqués de Berlanga, IV conde de Castilnovo— e Isabel María de Guzmán, hija de los I marqueses de Toral. Nació de este enlace otra hija, Teresa Enríquez de Velasco, que sucedió en los títulos familiares y casó con Luis Enríquez de Cabrera y Álvarez de Toledo, VIII duque de Medina de Rioseco y otros títulos. No se pueden pedir enlaces más poderosos y de alcurnia. ¿Quién dijo que los criollos eran mirados «de arriba abajo»?

Por el contrario, los grandes linajes aun hoy en día presumen de sus enlaces con los incas y los aztecas, y no solo de ellos, sino de los curacas, los jefes de tribus, los indios nobles por ser parientes de los reyes o mandatarios... Es más, casi no hallaremos ningún titulado que no cuente con algún indio noble en su árbol genealógico.

Decir que las mujeres de allende el mar eran criadas, amantes o esclavas —que las habría, pero no era este el comportamiento general ni estaba bien visto— es injusto y falso porque la ley, regla última de conducta, no protegía el amancebamiento y mucho menos la esclavitud. Digamos también que en un principio se toleró la presencia de esclavos que por costumbre servían al Inca o a otros indios importantes, por ser un hábito entre ellos. No eran esclavos de los españoles, sino de los mismos indios, estos eran sus señores, por su arraigada costumbre que en un principio fue respetada para ellos.

Para saber si nuestro Juan Enríquez de Almansa era digno de un hábito de las Órdenes Militares, se hicieron averiguaciones sobre su linaje y nobleza. Para ello se enviaba a personas de crédito que normalmente ya pertenecían a la Orden —de Santiago, de Calatrava...— y visitaban los lugares en donde el candidato y sus padres y abuelos habían residido. Todo lo que podía ser testimonio de su nobleza o, al contrario, era minuciosamente indagado, se oía el testimonio de «los más viejos del lugar» que hubiesen conocido a los padres y abuelos del pretendiente, qué fama tenía allí, si se había oído de él o sus antepasados «cosa fea», si era judío o moro, si había observado buena conducta y tenía buena fama sin tacha. Luego se visitaban los entierros y panteones de los antepasados, así como las casas con sus escudos, y aunque esto último no era prueba de nobleza, era considerado como indicio. La mejor prueba era que el candidato y sus padres nunca, en ninguno de los lugares en que habían residido, hubiesen pagado «pecho de pecheros», es decir, los impuestos con los que sí contribuía el pueblo llano pero no la nobleza —y no es que las cargas de esta última fueran menores, no, el caso era pagar o no pagar como «pechero», como hombre llano—. Si alguna vez el pretendiente —o sus antepasados— hubiera pagado tales «pechos de pecheros», no podría ser considerado noble ni admitido en la Orden de la que se tratase.

A nuestro candidato se le practicaron las dichas averiguaciones en Gandía, Azpeitia, Madrid, Alcañices y Toro. En Madrid se averiguaron cuestiones relacionadas con las Indias a través de gente de allí que lo hubiese conocido a él o a sus antepasados, se preguntaba a moradores de largo tiempo o que hubiesen nacido en tales sitios. Informaron don Pedro Galindo, que había residido en el Perú más de veinte años; don Félix Fernández de Guzmán, de Lima, de treinta y tres años de edad; don Luis de Carrión, que estuvo veinte años en Lima, y así una larga suerte de testigos que podían hablar de Juan Enríquez de Almansa y Borja y de sus antepasados por línea materna, las nobles coyas.

Finalmente, el candidato obtuvo el *placet* y pudo vestir el hábito de Santiago, siendo como era hijo de blanco y cobriza, y a mucha honra.

BIBLIOGRAFÍA

ALONSO DE CADENAS, Ampelio *et. al.*: *Elenco de Grandezas y Títulos Nobiliarios Españoles,* Ediciones Hidalguía, Madrid (varios años).

FERNÁNDEZ DE BÉTHENCOURT, Francisco: *Historia genealógica y heráldica de la monarquía española. Casa real y grandes de España,* t. IV, Establecimientos Tipográficos de Enrique Teodoro, Madrid, 1902.

GASCÓN DE TORQUEMADA, Jerónimo: *Gaçeta y nuevas de la Corte de España, desde el año 1600 en adelante* (del marqués de la Floresta edición), Real Academia Matritense de Heráldica y Genealogía, Madrid, 1991, p. 360.

LOHMANN VILLENA, Guillermo: *Los americanos en las Órdenes Nobiliarias (1529-1900),* 3 vols., Consejo Superior de Investigaciones Científicas, Instituto Gonzalo Fernández de Oviedo, Madrid, 1947.

Don Pedro Tesifón de Moctezuma de la Cueva (1584-1639). Conde de Moctezuma y vizconde de Ilucán. Caballero de Santiago en 1613

Nuestra historia comienza con Diego Luis de Moctezuma, nacido en México, hijo de don Pedro de Moctezuma Tlacahuepantli, hijo a su vez de Moctezuma II y de su esposa Catalina Quiasuchitl, por tanto, don Diego Luis era nieto del huey tlatoani —gran gobernante— Moctezuma II.

Hijo de Diego Luis de Moctezuma Ihuitltemoctzin (*ca.*1537-1606) es nuestro protagonista, don Pedro Tesifón, nacido en España, pues su padre había emigrado a la Península para defender ante la Corona los intereses de su familia; una vez a este lado del océano, Diego Luis contrajo matrimonio con doña Francisca de la Cueva y Bocanegra, familiar por línea directa de los duques de Alburquerque, y de este matrimonio nació en 1584, en Guadix, Pedro Tesifón de Moctezuma y de la Cueva, por tanto, bisnieto del emperador mexica Moctezuma II. A la muerte de su hermano mayor, Diego Luis asumió el mayorazgo de la casa de Moctezuma y le sucedió su hijo Pedro Tesifón.

Por situarnos en la historia, diremos que Pedro Tesifón vivió durante los reinados de Felipe III (1598-1621) y Felipe IV (1621-1665) y, dada la importancia de su linaje, ambos monarcas le concedieron mercedes, títulos y privilegios, y llegó a ser personaje notable durante esos periodos.

A la muerte de su padre, Diego Luis de Moctezuma, Pedro Tesifón de Moctezuma de la Cueva heredó el mayorazgo, como habían hecho su padre y su abuelo anteriormente, cada uno cuando le llegó su turno. En 1612 nuestro Pedro Moctezuma renunció a su derecho a reclamar el trono en las tierras novohispanas y se declaró, como lo hicieron sus antepasados, vasallo de la Corona española, reconociendo a los sucesivos reyes españoles como monarcas legítimos de Nueva España. Durante el reinado de Felipe III Pedro Tesifón recibió el hábito de la Orden de Santiago (1613) y, en 1627, Felipe IV lo nombró conde de Moctezuma de Tultengo y vizconde de Ilucán —el condado fue elevado a grado de ducado por Isabel II, el 11 de octubre de 1865—.

El hábito de Santiago se le otorgó como compensación de otras muchas mercedes que la Corona debía a los descendientes de Moctezuma; junto con él llegó el que fue primero condado de Moctezuma, más adelante se les concedió por Carlos III la grandeza de España de primera clase en la persona del VII conde (don Jerónimo de Oca Sarmiento y Nieto de Silva, conde de Moctezuma de Tultengo), con fecha 8 de diciembre de 1765, de la que se libró Real Cédula el 13 de mayo de 1766.

Originalmente el condado de Moctezuma se le otorgó por la ya mencionada escritura de cesión y renuncia de los derechos de la familia Moctezuma al Imperio mexica, por escritura dada en Madrid el 26 de enero de 1612 ante Jerónimo Fernández, realizada por el padre del primer titular, juntamente con sus hijos, y otorgada a favor de la Corona, como biznietos y únicos sucesores en la varonía de Moctezuma. Con dicha escritura, además del título de conde de Moctezuma de Tultengo, se propiciaron diferentes mercedes reales.

Volviendo a don Pedro Tesifón Moctezuma de la Cueva, anotaremos que no fue hijo único, tuvo por hermanos nada menos que otros seis, entre varones y hembras: don Francisco Antonio, don Felipe Marcelino, don Cristóbal, doña María, doña Agustina y doña Margarita. Al ser el mayor, era el heredero más propincuo de los títulos que hubiese y jefe de la casa Moctezuma.

Casó Pedro Tesifón con doña Jerónima Porres del Castillo, hija de Jerónimo Porres del Castillo Portugal y Salazar y de su esposa, Francisca Gutiérrez Palominos Ávalos. Con doña Jerónima, Pedro Tesifón tuvo por hijos a Antonia Victoria Moctezuma Porres, Teresa Francisca

Moctezuma Porres y Diego Luis Moctezuma y Porres del Castillo, que heredó los títulos de su padre.

Pedro Tesifón, a pesar de su mucha e innegable nobleza, tuvo siempre problemas dinerarios: no cesaba de requerir al rey lo que se le debía por las propiedades incautadas al huey Moctezuma II, su bisabuelo; venían los honores, pero no los ducados contantes y sonantes tan necesarios para vivir en la corte y mantener con dignidad sus títulos y familia.

El 12 de diciembre de 1611, Pedro Tesifón presentó un memorial al rey en el que pedía «Primera grandeza, la llave de la cámara de su majestad con 100 000 ducados de renta en la Casa de Contratación». Casi un año más tarde, el 21 de julio de 1612, el Consejo de Indias todavía seguía debatiendo acerca de las pretensiones de los Moctezuma. El dinero no llegó, pero fue entonces cuando se le hizo merced del hábito de caballero de la Orden Militar de Santiago. Ello significaba más gastos sin entradas; eso sí, gran honor a don Pedro Tesifón.

En 1612, al parecer, los doctores y prelados ya habían discutido casi suficientemente y, tras largos debates y habiéndose reunido muchas veces teólogos y juristas para dilucidar el grave asunto, se decidió —junto con el confesor del rey— otorgar a Pedro Tesifón de Moctezuma y de la Cueva la cantidad de mil ducados de plata con la calidad de vínculo y mayorazgo, por Cédula de 10 de septiembre de 1612.

No quedó satisfecho don Pedro, ya que la plata, aunque fuese en forma de ducados, valía siete veces menos que el oro y, consecuentemente, no era la cantidad esperada. El 10 de diciembre de 1616 volvió en unión de sus hermanos a solicitar el cumplimiento de lo pactado con la Corona. Sin darse por vencido, el 14 de julio de 1629 compuso otro memorial que presentó ante el Consejo de Indias, en el que solicitaba se le diese alguna ocupación «de la guerra», a lo que recibió contestación de S. M.: «… he mandado darle una Compañía de Caballos en Flandes o en Milán». Insistiendo en el asunto del dinero en 1630. Poco después, el 14 de marzo de ese año, pretendió ante el mismo Consejo que «se le hiciera merced de una encomienda, y entre tanto que vacase se le concediera una ayuda de costa de 4000 ducados en vacantes de obispados». El rey decidió que de momento «se le diesen 3000 ducados por una vez y que quedaba con cuidado de su persona para cuando hubiera ocasión de la encomienda…». De lo solicitado al monarca siempre recibió como respuesta buenas palabras, promesas y algo de dinero, y ello a plazos, de modo que cuando Pedro Tesifón falleciera dejaría deudas y necesidad a su viuda.

En 1638 solicitó licencia para pasar a residir a México y disfrutar allí de sus rentas, a lo que el monarca acordó «de conformidad con lo que añadan los consejeros Solórzano y Santelice». A pesar de haber pedido permiso para establecerse en México, no llegó a abandonar España; seguramente ya no gozaba de buena salud, y retrasó el viaje, que no llegó a realizar.

Testó en Madrid el 5 de noviembre de 1639 ante Benito de Tapia, y sabemos que el 11 de noviembre de 1639 el conde ya era difunto, pues con esa fecha su viuda doña Jerónima dirigió un memorial a S. M. pidiendo se le asistiese con quinientos ducados por hallarse «en necesidad tras la muerte del esposo». Y si el día 11 pidió ese socorro, el día 25 del mismo mes y año solicitaba al Consejo de Indias se cumpliesen las últimas peticiones hechas por su marido en su favor y el de sus hijos, y una ayuda de costa para acabar de cumplir con las disposiciones testamentarias y el funeral del conde. Tanta era la necesidad de la familia que la viuda pide para sufragar el funeral de su esposo.

Los años siguientes fueron una historia interminable de recordatorios de parte de la viuda para que la Corona pagase lo adeudado y de gentiles contestaciones de parte de S. M., quien, como otro honor, nombró al hijo Diego Luis Moctezuma menino de la reina y fue abonando poco a poco parte del dinero que debía al bisnieto de Moctezuma.

A grandes rasgos hemos relatado su vida en España, y vemos que, como otros nobles, siempre estuvo solicitando que se le pagase lo debido y enviando cartas y documentos justificativos. Recibió honores y —parcialmente— la amistad real, pero murió esperando lo que se le debía por un imperio.

Bibliografía

ASEJO SEDANO, C.: *El guadixeño Lorenzo Rodríguez y el Sagrario de la Catedral Mexicana. Los Moctezuma y Guadix*, Publicaciones del Archivo Histórico Municipal, Guadix, 1995, pp. 30-32.

BARREIRO FERNÁNDEZ, X. R.: «Os Moctezuma e Galicia (I). Orixe e evolución do condado de Moctezuma», *Estudios migratorios*, n.º 4, 1997, pp. 9-39.

GÓMEZ DE OLEA Y BUSTINZA, J.: *La nobleza titulada en la América Española*, Real Academia Matritense de Heráldica y Genealogía, Madrid, 2005, pp. 18 y 30-31.

—y MAYORALGO y LODO, J. M.: «La Casa de Moctezuma. La descendencia primogénita del Emperador Moctezuma II de Méjico», *Academia Costarricense de Ciencias Genealógicas*, 38, San José, 2000.

LÓPEZ DE MENESES, Amada: *Notas y documentos acerca de la descendencia de Moctezuma II*, Editorial Hidalguía.

TOVAR, D. de: «Los Moctezuma en España y América», *Hidalguía*, n.º 111, 1972, pp. 203-231.

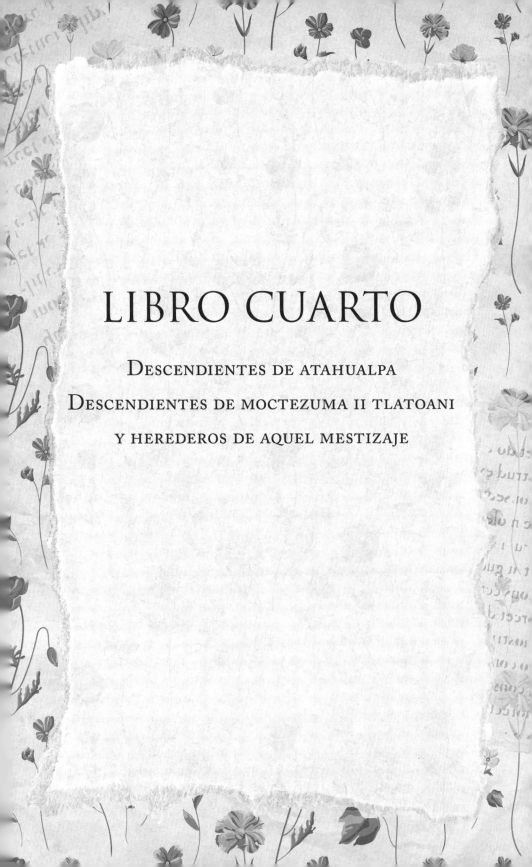

LIBRO CUARTO

Descendientes de atahualpa

Descendientes de moctezuma ii tlatoani

y herederos de aquel mestizaje

Muchos son los títulos del reino que hoy en día llevan en su sangre la de los indios sudamericanos, teniéndolo a mucha honra. Es imposible hacer un recuento de todos ellos, solo recogeremos unos cuantos, los suficientes como para hacer claro que el mestizaje no fue cosa de un día; tampoco respondió a la conveniencia del momento de establecer vínculos con los guerreros indios para «hacer amigos» y sobrevivir. No, el mestizaje se realizó de manera natural, se hizo porque el español nunca ha considerado a otros seres humanos como razas inferiores —«todos hijos de Adán y Eva»; «hijos de Dios y herederos de la gloria»— ni pensó en los indígenas como humanos cuyo contacto hubiera de ser evitado por su propia raza, «raza superior», como sí hicieron, abierta y repetidamente, los muy liberales sajones.

Descendientes de Atahualpa

Empezaremos con los descendientes de Atahualpa, trataremos de ver cuál fue su destino, inclusive el de aquellos que ni siquiera eran mestizos, sino descendientes puros del Inca, algunos que vinieron a radicarse en España peninsular como parte de su propia patria, como así lo fue.

Recordemos que, antes de morir, Atahualpa rogó a los españoles que velaran por sus hijos, algunos de los cuales aún no tenían edad para defenderse y sobrevivir por sí solos, y así se lo prometieron los españoles, empeñando su palabra de caballeros bien nacidos. Por mandato del gobernador, Diego de Almagro se desplazó a Quito para averiguar el paradero de los dichos hijos de Atahualpa. Un indio, cacique, don Diego Sancho Hacho[1], declaró: «Fui en prender a los incas [los hijos del Inca muerto] y [los] tuve en mi casa presos hasta que dieron obediencia a Su Majestad». Don Diego había tenido buenas relaciones con Atahualpa, de modo que no es de extrañar que tuviese a sus hijos en su hogar, aunque en su declaración afirma que fue en calidad de presos.

El estudioso de este periodo González Suárez[2] afirma que, hallados los hijos del Inca, «Almagro recogió tres varones de manos del curaca de los Chillos —nombre del valle en donde era curaca Diego Sancho Hacho—»; otros se habían refugiado en la provincia de los Yumbos en compañía de sus madres y fueron entregados a Almagro. El resto de los vástagos de Atahualpa y sus madres se dispersaron por diversas tierras y no fueron hallados ni se conoce nada de su suerte. En cuanto a los localizados, se sabe a ciencia cierta que estuvieron tutelados primero por Almagro y luego por Pizarro, para su buena educación fueron enviados unos a Quito, a los franciscanos, y otros al Cuzco, bajo los cuidados de los dominicos, pues en ambos casos aquellos frailes eran los mejores maestros de la época.

De alguno de los hijos del Inca se pierde la pista. ¿Acaso entraron en religión? ¿Fallecieron? ¿Tuvieron vidas grises? En cambio, sabemos de la vida de algunos de ellos y de sus primeros descendientes.

Francisco

En Quito hallamos a don Francisco, el *auqui*, o *topatauchi* ('infante' o 'príncipe'), que era considerado el heredero del incario por haber sido concebido por la primera esposa y la más querida de Atahualpa, Huaico-Ocllo. Nos ocuparemos de él por su importancia.

El heredero aceptó a los españoles como iguales, como ellos a él, y como tal usó, para alcanzar sus fines, de todos los recursos legales a los que cualquier peninsular tenía derecho por el simple hecho de ser español, blanco, mestizo o negro. Tomó parte en la historia del siglo xvi y sus hijos en la del xvii.

Don Francisco el Infante (Atabalipa) se educó en Quito, con los franciscanos, junto con un grupo muy selecto de hijos de caciques, pues de ellos se esperaba que fuesen futuro dirigentes cristianos con buenos principios y buena educación.

Ya adulto y como militar, tras luchar en diversas ocasiones en favor de Su Majestad el rey, casó en 1547 con Beatriz Ango Coquilango, hermana de su protector mientras estuvo en Quito largos años. En 1552 fray Francisco de Morales, seguramente uno de los franciscanos que lo educó, dirige una misiva al rey[3] en la cual le hace saber que el hijo de Atahualpa, nuestro don Francisco, «no tiene con que sustentarse y que S. M. debía dar con que pueda casarse y tener casa». Esto sucedía con muchos españoles, pues los dineros del rey tardaban meses y aun años en llegar. Peor todavía era la paga de los Tercios, que cada mes se retrasaba cinco días del anterior, de modo que a cinco días por doce meses, en total se «perdían» dos meses al año. Como quiera que fuese, el hijo del Inca pasaba apuros económicos. Tal vez por esta razón viajó don Francisco a la España peninsular a exponer su caso, y a su regreso fue nombrado algo así como defensor del pueblo; el nombre del cargo era «Justicia Mayor de todos los Indígenas de la región Andina», y llamamos la atención sobre la expresión «la región andina», que se corresponde con el Tahuantinsuyo; en cierto modo don Francisco, hijo de Atahualpa, tendría que cuidar de sus compatriotas y velar por que a cada uno se le hiciese justicia, estuviese en donde estuviese, en cualquier sitio de ese extenso territorio.

Sin que tengamos nada más de importancia que añadir, sabemos que este Francisco testó el 16 de diciembre de 1582, olvidando nombrar a su hermano Carlos, que vivía oscuramente mientras que él mismo había logrado amasar una bonita fortuna. Así es la vida. Falleció alrededor de 1584, sin que los historiadores locales hayan hallado la fecha exacta. Sigue su hijo.

Alfonso Atahualpa Ango

Según opinión de aquellos tiempos, este heredero universal de don Francisco «fue persona baldía», es decir: inútil, dado al juego, a las mujeres y a la bebida. De sus aventuras amorosas tuvo dos hijos: con una señora blanca a Carlos el Mestizo y con una señora indígena, a doña Mencía.

Gastó a manos llenas lo que no había ganado y, tras perderlo todo, viajó a la España peninsular para solicitar ayuda al rey, por ser hijo de Francisco, el heredero de Atahualpa. Murió como un espadachín en un oscuro lance. Dios le haya perdonado todas sus trapisondas.

Había recibido la mejor educación de su tiempo. En casa de Bartolomé Hernández de Soto, decano de la catedral, el joven había tomado clases personales de gramática y latín, el idioma de los renacentistas, estudiosos, científicos y artistas, amén de ser la lengua de la correspondencia de los diplomáticos de toda Europa. Además, «aprendió todas las cosas que convienen a un noble», equitación, danza, música, canto, tocar algunos instrumentos musicales, etcétera.

A su muerte, en Quito quedaron cuatro hijos suyos: a más de los mencionados, Carlos y Mencía, otros dos: Gregorio e Isabel, todos naturales. Los dos últimos murieron pronto y no dejaron descendencia.

Respondiendo a sus peticiones, desde San Lorenzo de El Escorial, el 5 de marzo de 1587, el rey Felipe III le había otorgado «dos mil pesos de buen oro», amén de varios repartimientos «por dos vidas». Al parecer, Alfonso murió el 15 de enero de 1589, sin haber tomado posesión de lo otorgado por Felipe III; como siempre, el dinero tardaba en llegar.

Años más tarde, la abuela de Carlos el Mestizo, doña Beatriz Ango Coquilango, pleiteó para que a este se le reconociesen los bienes otorgados a su padre «por dos vidas». No pudo heredar por ser ilegítimo y no ser reconocido por su progenitor, de modo que falleció este Carlos tan pobre que llegado el momento el Real Consejo de Indias le dio a su albacea una limosna de cien reales para costear el entierro, ello porque, aunque no reconocido legalmente, todos sabían que era de sangre real, la del Inca Atahualpa.

Doña Mencía Atahualpa Carúa

Era hija de don Alfonso Atahualpa Ango y doña Francisca Carúa. El apellido Carúa pertenecía a la realeza indígena, con ello, por tanto, los descendientes de Atahualpa volvían a entroncar con alta nobleza, tras el fracaso vital de don Alfonso Atahualpa Ango.

Según el testamento de Beatriz Ango, su abuela, doña Mencía, casó con Francisco de Ulloa, vecino de Quito, el 21 de febrero de 1594. A esta nieta entregó primero algunas cantidades y luego la hizo heredera de la mitad de lo que aún poseía de su difunto esposo, Francisco Atahualpa, que era mucho.

Doña Bárbara Atahualpa Ayo

Doña Bárbara era hija legítima —y mestiza— de doña Mencía Atahualpa y de don Francisco de Ulloa. Nació hacia el año 1600 y contrajo matrimonio en marzo de 1624 con don Tomás Cabrera, cuyos ancestros, Luis de Cabrera y Pascuala de la Calle, figuran entre los primeros conquistadores y pobladores de Quito y por ello fueron nombrados siempre como nobles y grandes personalidades. Otro de los grandes matrimonios entre descendientes de los incas y nobles españoles.

A doña Bárbara, por ser quien era, se le otorgó una encomienda de cuarenta y ocho indios en el pueblo de San Luis de los Puruguayes, el cual seguiría siendo regido por sus caciques de siempre, ahora don Felipe Toapanta y Agustín Ingaruca.

Del matrimonio de doña Bárbara Atahualpa con Tomás Cabrera nació una hija legítima y mestiza: doña María Cabrera Atahualpa, la cual se crio en el convento de las monjas de Santa Clara por la prematura muerte de sus padres. Aunque doña Bárbara contrajo nuevo matrimonio, no hubo sucesión, y aquí termina la rama de doña Mencía, hija de Alfonso Atahualpa, que era a su vez hijo de Francisco Atahualpa, el heredero del último Inca reinante: Atahualpa.

Se ve claramente cómo en los escalones de sucesores, desde que Atahualpa encomendó a sus hijos a los españoles, siempre los reyes de España los consideraron como miembros de una casa real y velaron por ellos, aunque fuesen de rama ilegítima. Una vez más insistimos en que el mestizaje nunca fue problema, fuesen los descendientes del Inca, indios puros o mestizos, pues para todos eran españoles iguales ante la ley y creados libres por un mismo Dios.

Exploraremos ahora la otra rama, la del hermano de Mencía, por ver qué herederos tuvo y qué suerte corrieron.

Don Carlos Ata, el Mestizo

De él ya hemos hablado algo someramente, interesa recalcar que Carlos Atahualpa fue mestizo, hijo de indígena y mujer blanca. El

nombre de la madre permanece ignorado, pero el hijo de Alonso Atahualpa Ango siempre fue conocido desde su infancia como Carlos
el Mestizo, cosa que no tendría sentido si no fuese su madre una
mujer blanca, seguramente de origen español. Su abuela, Beatriz Ango
Coquilango, dividió en dos sus bienes cuando hizo testamento, mitad
para cada uno de sus nietos: Mencía y Carlos, hijos de distintas madres,
una cobriza y la otra blanca. También Beatriz, según la costumbre, veía
iguales a los dos nietos, fuesen del color que fuesen.

Don Carlos el Mestizo, una vez fallecido su padre, es nombrado
alcalde mayor de los naturales de Quito. Contrajo matrimonio con
Juana Azarpay, de la nobleza cuzqueña, que no sabemos si era cobriza
o blanca. En todo caso, ni importaba ni importa: las dos hijas habidas
en este matrimonio, doña María y doña Juana Atahualpa Azarpay,
siempre serán mestizas, al menos por parte de padre, y ello nunca las
hizo distintas de otras jóvenes casaderas.

MARÍA ATAHUALPA AZARPAY

María Atahualpa Azarpay es hija de Carlos el Mestizo y de Juana
Azarpay. De esta señora, doña María, en documentos archivados[4], se
dice: María Ataliba —Atahualpa—

> desciende asimismo de las pallas[5] y señores del Cuzco, contrae nupcias
> con don Francisco García Ati, cacique de san Miguel, antiguamente
> Tigualó, mientras era Corregidor de Latacunga el Maese de Campo
> don Fernando Lomas Portocarrero…

Es decir, que se reconoce su nobleza.

Don Francisco García Ati era señor de Tiana o Duho, descendía de
Alonso Ati, «gentil cacique» y señor principal del pueblo de Tigualó,
así que María Atahualpa Azarpay casó con un cacique principal y, por
las leyes de Indias, tan noble como un español, con el título de señor,
es decir, con un señorío. Don Francisco García Ati, además de ser
cacique y gobernador del pueblo de Tigala, fue alcalde mayor de los

naturales de Quito en el distrito de la Real Audiencia «por merced de Su Majestad».

Del matrimonio de María Atahualpa Azarpay con Francisco García Ati no queda hoy descendencia alguna.

• • •

La descendencia de Atahualpa fue copiosa, como ha habido ocasión de comentar; se dice que tuvo más de doscientos hijos, y hubo tal vez otros tantos de su hermano Huáscar, tan noble como él, así que ya no seguiremos con ellos por varias razones: de la mayoría de esos doscientos o más se ignora quiénes fueron y dónde vivieron o con quién casaron: no ha quedado testimonio escrito de los «hijos menores», esto es, de las esposas no importantes o concubinas.

Tampoco fueron bautizados, así que sus nombres no aparecen en los Libros de Bautizo del siglo xvi, que es la fuente de información más verídica acerca de la existencia de alguien. Lo hasta ahora escrito por nosotros es fiel y verdadero, y sirve para confirmar que tanto los españoles como los indios no pusieron objeción ni encontraron dificultad alguna en casar con la otra raza. Estas raras objeciones modernas vienen de la nueva filosofía del antiespañolismo, de estas teorías imperantes bajo el nombre de «indigenismo», tesis que les hace renegar de sus orígenes, de sus padres o madres y de la nación que dio todo lo mejor que tenía a nuestros hermanos de ultramar, empezando por su misma sangre.

Para ser equitativos, hablaremos de los títulos de reino que hoy día subsisten cuyo origen fue el tlatoani Moctezuma II, el cual, como era costumbre, tuvo muchos hijos. De entre las hijas fue su preferida la princesa Tecuichpo Ixcaxochitzin. Dado que, según las Leyes de Indias, todos los reyes y sus hijos, curacas o gobernadores de cualquier rango eran considerados nobles de Castilla, la hija del emperador azteca era una nobilísima princesa.

Habiendo tratado de la descendencia del inca Atahualpa, pasemos a considerar la del emperador azteca, el tlatoani Moctezuma II, que tuvo quizás mejor suerte que la del inca.

NOTAS

1. Piedad y Alfredo Costales y Fernando Jurado Noboa: *Los señores naturales de la tierra. Las coyas y pallas del Tahuantinsuyo*, Quito, 1982.
2. Federico González Suárez (Quito, 12 de abril de 1844-*Ibid.*, 1 de diciembre de 1917) fue un eclesiástico, historiador, catedrático universitario y arqueólogo ecuatoriano.
3. Gabriel Navarro, *Descendencia de Atahualpa*, vol. 11, 1930, p. 92.
4. ANH/PQ Cz. Caja n.º 4, «Doña Lucía Ati Pusuna, con don Guillermo Ati por cacicazgos de San Miguel de Latacunga», 1687. Autos de Servicio de don Francisco García Ati, 1630, folio 294.
5. Existe un punto de discusión en cuanto a las pallas: no se sabe con exactitud cuál era su grado de nobleza, para algunos está claro que son nobles damas y señoras pertenecientes al noble entorno del Inca y de las familias nobles, otros lo dudan. El Inca Garcilaso de la Vega, al mencionar a su madre, dice así: «Mi madre, la Palla Doña Ysabel, fue hija del Inga Huallpa Topa, uno de los hijos de Topa Inca Yupanqui y de la Palla Cusi Chimpu, nieta de Tupac Inca Yupanqui, sobrina de Huayna Cápac, prima de Huáscar y Atahualpa y de Manco Inca Primero de los Incas de Vilcabamba».

Descendientes de Moctezuma II tlatoani

De la original nobleza azteca, una rama se quedó en su tierra y otra vino a la Península. Nos interesan particularmente las que todavía hoy día subsisten en España como testigos vivos de aquellos hombres de la conquista, con todos sus méritos y grandezas y con algunas miserias, que también las hubo. De acuerdo con la concesión de los títulos del reino, estos se expiden para que no se pierda la memoria del primer tenedor de la merced, el único y verdadero titulado, los demás son simples tenedores, representantes de aquel. Recordemos que un título del reino se otorga *ad perpetuam rei memoriam*[1].

Como nobleza de origen mestizo, en España están los condes de Miravalle, quienes descienden directamente de la princesa Isabel-Tecuichpo, la hija preferida de Moctezuma, y aunque en México la nobleza titulada no tiene cabida, hasta 1934 el Gobierno les pasaba una renta anual equivalente a cuatrocientos ochenta gramos de oro fino.

Condado de Miravalle

Fue concedido por el rey Carlos II el 31 de octubre de 1690 —Real Despacho de 18 de diciembre de 1690— con el vizcondado previo de Miravalle, a favor de Alonso Dávalos de Bracamonte y Ulibarri, caballero de la Orden de Santiago, canciller mayor del Tribunal de la Santa Cruzada del virreinato de la Nueva España, descendiente directo de Isabel de Moctezuma, quien a su vez era hija del emperador azteca y tlatoani Moctezuma Xocoyotzin.

DUCADO DE MOCTEZUMA DE TULTENGO

Veamos los diferentes nombres que ha tenido este título: condado de Moctezuma, otorgado por Felipe IV de España, el 13 de noviembre de 1627; condado de Moctezuma de Tultengo, nueva denominación dada por Carlos II de España; condado de Moctezuma de Tultengo, con grandeza de España, concedida por Carlos III de España el 13 de mayo de 1766; ducado de Moctezuma, creado por Isabel II de España el 11 de noviembre de 1865, por elevación a ducado del anterior título de condado de Moctezuma de Tultengo, con grandeza de España; ducado de Moctezuma de Tultengo, con grandeza de España, nueva denominación dada el 14 de enero de 1992 por Juan Carlos I de España.

El título primitivo de condado de Moctezuma se otorgó por Felipe IV el 13 de septiembre de 1627, para Pedro Tesifón de Moctezuma, bisnieto del tlatoani Moctezuma II. Pedro Tesifón era hijo de un matrimonio mixto, el de Diego Luis de Moctezuma y Francisca de la Cueva y Bocanegra. Hoy, como explicamos, pervive el título que recibió Pedro Tesifón de Moctezuma, bajo la denominación de ducado de Moctezuma de Tultengo.

MARQUESADO DEL VALLE DE OAXACA

Tras las conquistas de Cortés, que según él mismo dijo aportaba a España tanta tierra como un reino, en 1528, el conquistador llegó a Castilla, presentándose con toda su grandeza y lujo ante la corte de Carlos V. Allí respondió ante el César de todas las acusaciones que sobre él habían vertido sus enemigos. Satisfecho por las explicaciones del gran hombre y quizás agradecido por todo lo que Cortés había aportado al reino, el emperador le confirmó oficialmente sus tenencias de tierras y vasallos y le otorgó el título de marqués del Valle de Oaxaca por una Real Cédula emitida el 6 de julio de 1529. También fue honrado con el título de caballero de la Orden de Santiago y el cargo honorífico de capitán general de Nueva España y de la costa del Mar del Sur.

El título de marqués del Valle de Oaxaca ha pasado por distintos linajes cuando el heredero era heredera; al pasar a manos de mujer normalmente esta se casaba y el título lo heredaba el hijo varón, con el consiguiente cambio de linaje.

Así, por resumir:

Los Cortés

1. Hernán Cortés de Monroy y Pizarro Altamirano (m. 1547), I marqués del Valle de Oaxaca, casado por segunda vez con Juana Ramírez de Arellano y Zúñiga.
2. Martín Cortés de Zúñiga (m. 1589), II marqués del Valle de Oaxaca, casado con su pariente Ana Ramírez de Arellano.
3. Fernando Cortés Ramírez de Arellano, III marqués del Valle de Oaxaca, muerto sin descendencia legítima. Tuvo dos hijos fuera de matrimonio con María Niño de Guevara: el capitán de caballos y maestre de campo Diego Cortés y Magdalena Cortés, monja del convento de Santa Catalina de Siena en Valladolid. El título pasó a su hermano Pedro.
4. Pedro Cortés Ramírez de Arellano (m. 1629), IV marqués del Valle de Oaxaca. Muerto sin descendencia, el título pasó a su hermana Juana.

Los Carrillo de Mendoza Aragón y Cortés

5. Juana Cortés Ramírez de Arellano, V marquesa del Valle de Oaxaca, casada con Pedro Carrillo de Mendoza, IX conde de Priego. Les sucedió su hija.
6. Estefanía Carrillo de Mendoza y Cortés (m. 1635), VI marquesa del Valle de Oaxaca, casada con Diego de Aragón, duque de Terranova.

Los Pignatelli

7. Juana de Aragón Carrillo de Mendoza y Cortés, V duquesa de Terranova y VII marquesa del Valle de Oaxaca, camarera mayor de la reina Luisa de Orleans y de la reina Mariana de Austria. Casada con Héctor Pignatelli, príncipe de Noia, duque de Monteleone y caballero de la Orden del Toisón de Oro. Desde aquí son príncipes de Noia (o Noya), duques de Monteleone y de Terranova, entre otros títulos.

8. Andrés Fabricio Pignatelli de Aragón Carrillo de Mendoza y Cortés, VIII marqués del Valle de Oaxaca, grande de España, gran camarlengo de Nápoles y caballero de la Orden del Toisón de Oro. Casado con Teresa Pimentel y Benavides.

9. Juana Pignatelli de Aragón y Cortés (m. 1725), IX marquesa del Valle de Oaxaca, grande de España, casada con su tío bisabuelo Nicolas Pignatelli, 20 años mayor que ella.

10. Diego Pignatelli de Aragón y Cortés (m. 1750), X marqués del Valle de Oaxaca, grande de España, grande almirante y condestable de Sicilia, casado con Margarita Pignatelli.

11. Andrés Fabricio Pignatelli de Aragón y Cortés (m. 1765), XI marqués del Valle de Oaxaca, grande de España, casado con Constanza Médici, de la familia de los príncipes de Ortajano.

12. Héctor María Pignatelli de Aragón y Cortés (m. 1800), XII marqués del Valle de Oaxaca, grande de España. Vivía cuando el jesuita Clavijero escribió su *Historia Antigua de México* y consignó la genealogía de su familia. Se casó con Ana María Piccolomini, de la familia de los duques de Amalfi.

13. Diego María Pignatelli de Aragón y Cortés (m. 1818), XIII marqués del Valle de Oaxaca, grande de España, se casó con María del Carmen Caracciolo.

14. José Pignatelli de Aragón y Cortés (m. 1859), XIV marqués del Valle de Oaxaca, grande de España, segundo hijo de Diego María Pignatelli y María del Carmen Caracciolo. Se casó con Blanca Lucchesi Palli.

Su hijo Diego Pignatelli de Aragón y Cortés no satisfizo el impuesto para obtener la real carta de sucesión del marquesado.

15. José Tagliavia Pignatelli de Aragón Cortés y Fardella (m. 1938), XV marqués del Valle de Oaxaca, grande de España, nieto del precedente, por Real Carta de Sucesión de 21 de agosto de 1916. Se casó con Rosa de la Gándara y Plazaola. Su hijo Antonio Aragón Pignatelli Cortés no obtuvo real carta de sucesión en el marquesado.

Los de Llanza

16. Jorge de Llanza y Albert de Bobadilla (m. 2001). Descendiente en 7.º grado de Antonio Pignatelli de Aragón y Cortés, hermano de Diego Pignatelli de Aragón y Cortés, el X marqués del Valle de Oaxaca (m. 1750), e hijo de Juana Pignatelli de Aragón (m. 1725), a quien la Diputación de la Grandeza, organismo español que administra el estamento nobiliario del reino, le reconoció como XVI marqués del Valle de Oaxaca, grande de España. Casado con María de las Mercedes de Figueroa y Castillejo.

17. Álvaro de Llanza y Figueroa, XVII marqués que actualmente ostenta el título nobiliario. Casado con Isabel López-Quesada Sanchiz, con quien ha tenido a sus hijos Claudia, Álvaro e Isabel.

Marquesado de la Liseda

El marquesado de la Liseda fue creado el 3 de mayo de 1718 por el rey Felipe V a favor María Isabel de Moctezuma y Torres, de noble origen mestizo. Fue I vizcondesa de Amaya, dama de la reina viuda María Ana del Palatinado-Neoburgo, esposa que fue del rey Carlos II.

María Isabel de Moctezuma y Torres, I marquesa de la Liseda. Era hija de Francisco José de Toledo Moctezuma y de Juana Lucía de Torres y Monroy. Isabel de Moctezuma casó con Juan Manuel Orense del Castillo, III vizconde de Amaya. Le sucedió el único hijo nacido de este matrimonio: Francisco-Ventura de Orense y Moctezuma (Salamanca, 1748-*ibid.*, 24 de marzo de 1789), II marqués de la Liseda, XI marqués de Cerralbo, grande de España, VIII conde de Villalobos, marqués de Almarza y de Flores Dávila, conde de Alba de Yeltes y IV vizconde de Amaya. Francisco Ventura contrajo matrimonio el 4 de octubre de 1774 con María Luisa de la Cerda y Cernesio, sin descendencia.

Le sucedió Antonia de Orense y Moctezuma, III marquesa de la Liseda, que casó con Fernando de Orellana Pizarro y Barrantes.

El título fue rehabilitado en 1909 por Fernando de Orellana y Orellana (m. 1928), V marqués de la Liseda, a quien sucedió el hijo de su hermana Juana y de su marido Pablo Burgos y Meneses, por tanto, su sobrino, llamado José Burgos y de Orellana, VI marqués de la Liseda. Casó con Antonia Rosado y Pérez-Aloe.

Le sucedió José Burgos y Rosado, VII marqués de la Liseda; José Manuel Burgos y Pérez, VIII marqués de la Liseda y Miguel Burgos Gimeno, IX marqués de la Liseda —por cesión de su padre—.

Los Cerralbo

Hay que llegar al IX marqués de Cerralbo para ver con nitidez el entronque con Moctezuma. Originalmente, fue concedido el 2 de enero de 1533 por Carlos I a Rodrigo Pacheco y Osorio, VI señor de Cerralbo, capitán general y gobernador de Galicia. El luego título del reino en principio fue un señorío.

Señores de Cerralbo

- Esteban Pacheco Alfonso, I señor de Cerralbo, concedido por Enrique II de Castilla en 1379. Contrajo matrimonio con Juana Rodríguez Varillas, le sucedió su hijo.
- Juan Pacheco Rodríguez, II señor de Cerralbo, que se casó con María Rodríguez Cueto, le sucedió su hijo.

- Esteban Pacheco Rodríguez, III señor de Cerralbo, quien contrajo matrimonio con Inés de Monroy. Le sucedió su hija.
- María Pacheco y Monroy, IV señora de Cerralbo, que casó con Álvar Pérez Osorio, de la casa de los marqueses de Astorga. Les sucede su hijo.
- Juan Pacheco y Osorio, V señor de Cerralbo, contrajo matrimonio con Catalina Maldonado. Le sucedió su nieto:
- Rodrigo Pacheco y Osorio, VI señor y I marqués de Cerralbo.

Marqueses de Cerralbo

- Rodrigo Pacheco, marqués de Cerralbo y VI señor de Cerralbo, era hijo de Juan Pacheco y Maldonado, que murió antes que su padre, y de su esposa, Ana de Toledo, hija de los señores de Villorias. Sirvió desde joven al emperador Carlos I, quien el 2 de enero de 1533 le concedió el título de marqués de Cerralbo. Fue embajador en Roma, capitán general en la guerra de Portugal y gobernador de Galicia. En la frontera de Ciudad Rodrigo mandó construir, entre 1533 y 1540, la mansión de los Cerralbo en la Plaza Mayor de Ciudad Rodrigo, conocida como la casa de los Cuetos.
  Se casó con Ana Enríquez de Toledo, hija de Diego Enríquez de Guzmán, III conde de Alba de Liste, y de Leonor de Toledo. Le sucedió su hijo.
- Juan Pacheco de Toledo (m. Colliure, 29 de marzo de 1592), II marqués de Cerralbo y gobernador y capitán general de Galicia. Se casó con Inés de Toledo Colonna, hija de García de Toledo Osorio, IV marqués de Villafranca del Bierzo y I duque de Fernandina, y de su esposa, Victoria Colonna y Aragón. Le sucedió su hijo primogénito.
- Rodrigo Pacheco y Osorio (1580-1640), III marqués de Cerralbo y virrey de la Nueva España, que contrajo matrimonio con Francisca de la Cueva y Córdoba, hija de Beltrán de la Cueva, VI duque de Alburquerque, y de su primera esposa, Isabel de la Cueva y Córdoba. Le sucedió su hijo.

- Juan Antonio Pacheco y Osorio (m. Madrid, 28 de julio de 1680), IV marqués de Cerralbo, I conde de Villalobos, menino del rey, caballero de la Orden de Calatrava, capitán general y virrey de Cataluña, consejero de Estado y oidor del Consejo Real y Supremo de las Indias. Se casó con Juana Fajardo y Manrique, II marquesa de San Leonardo, con quien tuvo dos hijos, Pedro y Francisca de Paula Pacheco, ambos fallecidos en la infancia. Le sucedió en ambos títulos su prima hermana.
- Leonor de Velasco y de la Cueva (m. 1689), V condesa de Cerralbo, II condesa de Villalobos y XI condesa de Siruela, hija de Gabriel de la Cueva y Porras, VII conde de Siruela, y de su esposa Victoria Pacheco y Colonna. Falleció sin descendencia.
- Fernando Nieto de Silva Pacheco y Ruiz de Contreras (m. 14 de agosto de 1695), VI marqués de Cerralbo y III conde de Villalobos, era hijo de Luis Nieto de Silva, I conde de Alba de Yeltes, y de María Magdalena Ruiz de Contreras —el tronco común es el quinto abuelo de la quinta marquesa, sexto abuelo del sexto marqués—. Contrajo matrimonio con María de Guzmán y Toledo. Le sucedió su hijo.
- José Nieto de Silva y Guzmán, VII marqués de Cerralbo y IV conde de Villalobos, que casó en 1706 con Juana de Mendoza Hijar y Sotomayor, sin descendencia. Le sucedió su hermana.
- Isabel Nieto de Silva y Guzmán (Salamanca, 1690-19 de agosto de 1736), VIII marquesa de Cerralbo y V condesa de Villalobos, y IX marquesa de Flores Dávila.
  Contrajo matrimonio en 1707 con el noble mestizo don Francisco Moctezuma Torres Carvajal (bautizado en Cáceres, el 28 de agosto de 1691). Se ve que hubo una etapa de titulares sin sucesión, hasta que lo heredó la familia Moctezuma, descendientes de Moctezuma Xocoyotzin, emperador de los mexicas. Carlos III les concedió la grandeza de España de segunda clase el 28 de agosto de 1780. A este Francisco Moctezuma le sucedió su hijo.

- Vicente Moctezuma Nieto de Silva y Guzmán (m. Madrid, 19 de mayo de 1752), IX marqués de Cerralbo, VI conde de Villalobos, V conde de Alba de Yeltes, IV marqués de Almarza, X marqués de Flores Dávila y vizconde de Arauzo y de San Miguel, que casó el 8 de julio de 1733 con Antonia de Vera Quiñones, hija de Diego Manuel de Vera Varona, IX marqués de Espinardo, y Antonia María de Cáceres Quiñones. Sin descendencia, le sucedió su hermana.
- María Manuela de Moctezuma Pacheco Nieto de Silva y Guzmán (c. 1722-Salamanca, de junio de 1787), X marquesa de Cerralbo con grandeza de España, VII condesa de Villalobos, V marquesa de Almarza, XI marquesa de Flores Dávila y V condesa de Alba de Yeltes, que casó en Salamanca el 12 de septiembre de 1731 con su primo hermano Francisco-Ventura de Orense de Moctezuma del Castillo y Guzmán, IV vizconde de Amaya, hijo de Juan Manuel Orense Moctezuma, III vizconde de Amaya, y de María Isabel de Moctezuma y Torres, I marquesa de la Liseda. Le sucedió el único hijo nacido de su matrimonio.
- Francisco-Ventura de Orense y Moctezuma (Salamanca, 1748-*ibid.*, 24 de marzo de 1789), XI marqués de Cerralbo, grande de España, VIII conde de Villalobos, VI marqués de Almarza, conde de Alba de Yeltes y vizconde de Amaya. Contrajo matrimonio el 4 de octubre de 1774 con María Luisa de la Cerda y Cernesio, sin descendencia. Le sucedió su primo hermano, hijo de su tía, Ana María Moctezuma Nieto de Silva y de su esposo Tomás Alejandro de Aguilera y Orense, III conde de Casasola del Campo.
- Manuel Vicente de Aguilera y Moctezuma (Salamanca, 2 de junio de 1741-2 de noviembre de 1795), XII marqués de Cerralbo, grande de España, IX conde de Villalobos, IV conde de Casasola del Campo, marqués de Almarza, XII marqués de Flores Dávila, conde de Alba de Yeltes y caballero de la Orden de Carlos III. Se casó en Madrid el 2 de febrero de 1760 con María Cayetana de Galarza y Brizuela (Madrid, 18 de diciembre de 1741-*ibid.*, 18 de abril de 1806), V condesa de Fuenrubia y III condesa de la Oliva

de Gaytán, hija de Fernando José de Galarza y Suárez de Toledo, II conde la Oliva de Gaytán, y de María Manuela de Brizuela y Velasco, condesa de Foncalada y de Fuenrubia. Le sucedió su hijo.

- Manuel Isidoro de Aguilera Moctezuma-Pacheco y Galarza (Talavera de la Reina, 2 de enero de 1762-Valencia, 12 de diciembre de 1802), XIII marqués de Cerralbo, grande de España, X conde de Villalobos, VI conde de Fuenrubia, VIII marqués de Almarza, XIII marqués de Flores Dávila, V conde de Casasola del Campo, de Alba de Yeltes, de Peñalba y de Foncalada, sumiller de corps del futuro rey Fernando VII. Se casó el 22 de abril de 1780 en Madrid con María Josefa Joaquina Ruiz de Contreras y Vargas Machuca, VII condesa de Alcudia, grande de España y marquesa de Campo Fuerte. Le sucedió su hijo.

- Manuel de Aguilera y de Contreras (m. 27 de junio de 1803), XIV marqués de Cerralbo, grande de España, XII conde de Villalobos, IX marqués de Almarza, VI conde de Casasola del Campo y de Alba de Yeltes. Falleció soltero el 27 de junio de 1802, en vida de su madre, y no llegó a heredar los condados de Fuenrubia, de Oliva de Gaytán o el de Alcudia. Le sucedió su hermano.

- Fernando de Aguilera y Contreras (Madrid, 20 de agosto de 1784-*ibid.*, 2 de mayo de 1838), XV marqués de Cerralbo, grande de España, XIII conde de Villalobos, VII conde de Fuenrubia, X marqués de Almarza, XIV marqués de Flores Dávila, VI conde de Casasola del Campo, de Alba de Yeltes, de Peñalba, de la Oliva de Gaytán, de Foncalada, grande de España, embajador extraordinario en Sajonia (1819), presidente del Consejo de las Órdenes Militares, caballero de la Orden del Toisón de Oro, de la Orden de Alcántara, Gran Cruz de Carlos III, prócer del Reino. El 26 de diciembre de 1807 se casó en Madrid con María de las Angustias Fernández de Córdoba y Pacheco (fallecida el 4 de agosto de 1864), hija de Manuel Antonio Fernández de Córdoba y Pimentel, VIII marqués de Mancera, grande de España de primera clase, marqués de Malpica, de Montalbo y de

Povar, y de María Teresa del Carmen Pacheco y Fernández de Velasco, V duquesa de Arión, grande de España. Sin descendencia. El matrimonio se encuentra enterrado en el cementerio de San Isidro de Madrid. Le sucedió su hermano.

- José de Aguilera y Contreras (Madrid, 23 de septiembre de 1787-*ibid.*, 25 de diciembre de 1872), XVI marqués de Cerralbo, XIV conde de Villalobos, IX conde de Fuenrubia, IX conde de Alcudia, dos veces grande de España, marqués de Almarza, XV marqués de Flores Dávila y de Campo Fuerte, VI conde de Casasola del Campo, de Alba de Yeltes, de Peñalba, de la Oliva de Gaytán y de Foncalada y gentilhombre de cámara con ejercicio. Casó en Córdoba, el 11 de abril de 1815, con Francisca Valentina Becerril e Hinojosa. La descendencia de este matrimonio heredó todos los títulos excepto el condado de Fuenrubia. Le sucedió su nieto, hijo de su hijo primogénito, Francisco de Aguilera y Becerril, y de su esposa, Luisa de Gamboa y López.
- Enrique de Aguilera y Gamboa (Madrid, 8 de julio de 1845-27 de agosto de 1922), XVII marqués de Cerralbo, grande de España, XVI conde de Villalobos por Real Carta de Sucesión del 27 de abril de 1869, X conde de Alcudia, dos veces grande de España, XII marqués de Almarza, marqués de Campo Fuerte, conde de Foncalada y de la Oliva de Gaytán. Fue maestrante de Granada, diputado a Cortes por Ledesma en 1872 y senador del Reino por derecho propio en 1885, académico de número de las reales academias Española de la Lengua y de la Historia y destacado carlista. Fundó el Museo Cerralbo en Madrid. Se casó en Madrid el 25 de agosto de 1871 con María Inocencia Serrano y Cerver, viuda de Antonio del Valle Angelín, ministro de Hacienda en 1840, y padres de Antonio María del Valle y Serrano, I marqués de Villa-Huerta. Sin descendencia. Le sucedió su sobrino nieto.
- Manuel de Aguilera y Ligués (Madrid, 7 de marzo de 1904-*ibid.*, 1 de junio de 1977), XVIII marqués de Cerralbo, grande

de España, XIII marqués de Almarza, XVIII marqués de Flores Dávila, hijo de Manuel de Aguilera y Pérez de Herrasti, XVII marqués de Flores Dávila, y de María del Carmen de Ligués y Balez, hija de los I marqueses de Alhama. Soltero sin descendencia, le sucedió su primo hermano.

- Fernando de Aguilera y Abárzuza (Jaén, 9 de junio de 1920-Madrid, 9 de junio de 1980), XIX marqués de Cerralbo, grande de España, XIV marqués de Almarza y de Cúllar de Baza. Era hijo de Fernando de Aguilera y Pérez de Herrasti, conde de Fuenrubia, y de Teresa de Abárzuza y Robles, marquesa de Cúllar de Baza. Se casó el 16 de julio de 1948 con Pilar Narváez y Coello de Portugal. Le sucedió su hijo.

- Fernando de Aguilera y Narváez (n. Madrid, 1 de enero de 1952), XX marqués de Cerralbo, grande de España, XVII conde de Villalobos, título que rehabilitó en 1994, XV marqués de Almarza, XI conde de Casasola del Campo y VII marqués de Cúllar de Baza[2]. Se casó en primeras nupcias el 9 de julio de 1979 con María Luisa Tovar y Gallego, y en segundas en Madrid, el 18 de mayo de 2002, con Dolores Cavero y Martínez de Campos, condesa de Santovenia, hija de Íñigo Cavero, barón de Carondelet, y de su esposa Belén Martínez de Campos y Carulla.

Condado de la Oliva de Gaytán

El condado de la Oliva de Gaytán es un título nobiliario español creado por el rey Carlos II el 18 de mayo de 1699 a favor de Diego José de Galarza y Suárez de Toledo, Gaytán de Mendoza y Godoy, regidor perpetuo de Cáceres, Badajoz y Talavera de la Reina. Por el matrimonio de la tercera titular, el condado se incorporó a la Casa de Cerralbo.

Listado de tenedores de la merced

I   Diego José de Galarza y Suárez de Toledo (1699-¿?)
II   Fernando José de Galarza Gaytán y Ovando (¿?-1711)

III   Francisco Fernando de Galarza y Suárez de Toledo (1711-¿?)
IV   María Cayetana de Galarza y Brizuela (¿?-1806)
V   Fernando de Aguilera y Contreras (1806-1838)
VI   José de Aguilera y Contreras (1838-1872)
VII   María Francisca de Aguilera y Gamboa (1876-1921)
VIII   Virgilio Martín de Aguilera (1921-1950)
IX   Juan Francisco de Asís Martín de Aguilera y Arenales (1951-2013)
X   Adriana Margarita Martín de Aguilera y Moreno (2013-actualidad).

Breve devenir de la historia de los condes de la Oliva de Gaytán

- Diego José de Galarza y Suárez de Toledo (n. Cáceres, 16 de marzo de 1682), I conde de Oliva de Gaytán, hijo de Diego José de Galarza, caballero de la Orden de Alcántara, y de Gracia Suárez de Toledo Gaytán, naturales de Cáceres. Casó con Teresa Manuela de Ovando y Galarza. Le sucedió su hijo.

- Fernando José de Galarza Gaytán y Ovando (bautizado en Talavera de la Reina, 7 de junio de 1711), II conde de la Oliva de Gaytán. Casó con María Manuela de Brizuela y Arce (bautizada en Madrid, 13 de agosto de 1713-*ibid.*, 16 de octubre de 1755), IV condesa de Fuenrubia. Era hija de Íñigo de Brizuela y Osorio, III conde de Fuenrubia, y de Josefa Antonia de Arce y Luján. Le sucedió su tío, hermano del primer conde.

- Francisco Fernando de Galarza y Suárez de Toledo, III conde de la Oliva de Gaytán, casó con María Manuela de Brizuela y Osorio, II condesa de Fuenrubia. Le sucedió su hija.

- María Cayetana de Galarza y Brizuela (Madrid, 18 de diciembre de 1741-*ibid.*, 18 de abril de 1806), IV condesa de la Oliva de Gaytán, III condesa de Fuenrubia, VI condesa de Peñalva y VII condesa de Foncalada. Casó el 2 de febrero de 1760 en Madrid con el noble mestizo Manuel Vicente de Aguilera y

Moctezuma (Salamanca, 2 de junio de 1741-2 de noviembre de 1795), IV conde de Casasola del Campo, XII marqués de Cerralbo, grande de España, VII marqués de Almarza, XII marqués de Flores Dávila, IX conde de Villalobos y de Alba de Yeltes, etc. Le sucedió su nieto, hijo de Manuel Isidro de Aguilera y Galarza, XIII marqués de Cerralbo, XIII marqués de Flores Dávila, IV conde de Fuenrubia, V conde de Casasola del Campo, VII conde de Alba de Yeltes, X conde de Villalobos, VIII conde de Foncalada, y de María Josefa de Contreras y Vargas.

- Fernando de Aguilera y Contreras (Madrid, 20 de agosto de 1784-*ibid.*, 2 de mayo de 1838), V conde de la Oliva de Gaytán, VII conde de Fuenrubia, XV marqués de Cerralbo, X marqués de Almarza, XIV marqués de Flores Dávila, VII conde de Casasola del Campo, VIII conde de Alba de Yeltes, XIII conde de Villalobos, X conde de Foncalada, grande de España, embajador extraordinario en Sajonia (1819), presidente del Consejo de las Órdenes Militares, caballero de la Orden del Toisón de Oro, de la Orden de Alcántara, Gran Cruz de Carlos III, prócer del Reino. El 26 de diciembre de 1807 casó en Madrid con María de las Angustias Fernández de Córdoba y Pacheco, hija de Manuel Antonio Fernández de Córdoba y Pimentel, VIII marqués de Mancera, grande de España de primera clase, IX marqués de Malpica, VII marqués de Montalbo y X marqués de Povar, y de María Teresa del Carmen Pacheco y Fernández de Velasco, V duquesa de Arión, grande de España. Sin descendencia, le sucedió su hermano.
- José de Aguilera y Contreras (Madrid, 23 de septiembre de 1787-*ibid.*, 25 de diciembre de 1872), VI conde de la Oliva de Gaytán, IX conde de Fuenrubia, XVI marqués de Cerralbo, IX conde de Alcudia, dos veces grande de España, XI marqués de Almarza, XV marqués Flores Dávila, VIII marqués de Campo Fuerte, VIII conde de Casasola del Campo, IX conde de Alba de Yeltes, XIV de Villalobos, XI conde de Foncalada y gentilhombre de

cámara con ejercicio. Contrajo matrimonio en Córdoba el 11 de abril de 1815 con Francisca Valentina Becerril e Hinojosa. La descendencia de este matrimonio heredó todos los títulos excepto el condado de Fuenrubia. La sucesión en el condado de la Oliva de Gaytán correspondía a su nieto Enrique de Aguilera y Gamboa, que en 13 de septiembre de 1876 cedió sus derechos a su hermana.

• María Francisca de Aguilera y Gamboa (Madrid, 27, de julio de 1855-17 de marzo de 1921), VII condesa de la Oliva de Gaytán, por renuncia-cesión de sus hermanos Enrique y Gonzalo el 13 de septiembre de 1876. Casó con Evaristo Martín Contreras. Le sucedió su hijo.

• Virgilio Martín de Aguilera (m. 25 de abril de 1950), VIII conde de la Oliva de Gaytán. Le sucedió su hijo.

• Juan Francisco de Asís Martín de Aguilera y Arenales (25 de marzo de 1943-2013), IX conde de la Oliva de Gaytán en 1951. Casó con María Jesús Moreno y Bernad. Le sucedió su hija.

• Adriana Margarita Martín de Aguilera y Moreno (n. Madrid, 30 de marzo de 1985), X condesa de la Oliva de Gaytán.

• • •

Claramente vemos cómo a partir del matrimonio de María Cayetana de Galarza, que casó con Manuel Vicente de Aguilera y Moctezuma, todos los descendientes de esta pareja participan de la noble sangre mestiza del tlatoani Moctezuma II, y que hasta hoy lo dicen con orgullo, y no es para menos: es la sangre de un emperador, y los españoles lo consideraron siempre hijo de Dios y heredero de su gloria, además de noble guerrero.

Ya no seguiremos nombrando a más herederos de aquel mestizaje, ni a aquellos nobles que los recuerdan hoy porque, al fin y al cabo, como decía don Quijote a Sancho Panza, nadie es más que nadie si no hace más que nadie.

Un recuerdo al Inca Garcilaso de la Vega

No queremos terminar nuestra obra sin un recuerdo al Inca Garcilaso de Vega. Fue su abuelo otro Garcilaso de la Vega, y sus bisabuelos paternos Pedro Suárez de Figueroa, hijo de Gómez I Suárez de Figueroa y Elvira Lasso de Mendoza, hermana del primer marqués de Santillana, y Blanca de Sotomayor, hija de Fernando de Sotomayor y Mencía Vázquez de Goes, a través de quien hereda el señorío de Arcos. Todos los Garcilaso de la Vega descendían de los más nobles orígenes.

El escritor español Garcilaso quedó huérfano de padre siendo muy joven, y se educó esmeradamente en la corte, donde conoció en 1519 a su gran amigo, el caballero Juan Boscán. Seguramente a este debió el toledano su gran aprecio por la lírica del valenciano Ausiàs March, que dejó alguna huella en su obra.

Garcilaso entró a servir en 1520 al rey Carlos I en calidad de contino real. Seguramente tenía gran facilidad para los idiomas, ya que aprendió griego, latín, italiano y francés, y ya de paso, como el caballero que era, el arte de la esgrima y a tocar la cítara, el arpa y el laúd.

Por no ser necesario no mencionaremos los diferentes lances militares en que se vio envuelto, siempre a favor de rey y bajo las órdenes de otros caballeros como don Fadrique Álvarez de Toledo. En 1522 estuvo en el séquito que fue a recibir a Carlos I en Santander, al año siguiente fue objeto del favor real, al ser designado miembro de la Orden de Santiago y gentilhombre de la casa de Borgoña, organización al servicio de la Corona que, junto a la casa de Castilla, agrupaba a quienes trabajaban más cerca del monarca. Ese mismo año embarcó con Boscán y Pedro de Toledo junto con otros caballeros para tratar de evitar la caída de Rodas, cosa que no consiguieron.

De vuelta a España se radicó en Toledo, y en 1525 contrajo matrimonio con Elena de Zúñiga, señora que era dama de honor de doña Leonor, una de las hermanas de Carlos I de España; por ello Garcilaso entró a formar parte del séquito de esta real hermana. Todo apunta a que su matrimonio con Garcilaso fue uno de tantos enlaces aristocráticos basados en un convenio de intereses.

Gran poeta del Siglo de Oro, noble y militar, debió de ser hombre muy atractivo, pues su biografía está llena de nombres femeninos: casó con Elena de Zúñiga y con ella tuvo cinco hijos. A pesar de esto tuvo una relación platónica con una dama de origen portugués llamada Isabel Freyre, a quien llamaría Elisa en sus versos de amor. Ella se casa con otro y muere joven, dando a luz. Además de los hijos de su matrimonio tuvo otro por fuera de este con Guiomar Carrillo, una mujer de Toledo.

El que llamamos Inca Garcilaso (Cuzco, Perú, 12 de abril de 1539-Córdoba, España, 24 de abril de 1616) era sobrino nieto del gran poeta Garcilaso, de quien hemos hablado. El padre del Inca Garcilaso fue Sebastián Garcilaso de la Vega y Vargas, extremeño, conquistador y funcionario virreinal español designado en el cargo de corregidor del Cuzco desde 1554 hasta 1556. Sin pasar por matrimonio alguno, se unió a la princesa inca Isabel Chimpu Ocllo y fue padre del célebre cronista mestizo, el Inca Garcilaso de la Vega, bautizado como Gómez Suárez de Figueroa, que era su verdadero nombre.

Como ya hemos visto al hablar de su familia, pertenecía a una estirpe de renombrada prosapia, como el mismo Inca Garcilaso relata en su genealogía o *Relación de la descendencia de los Garci Pérez de Vargas*. Remontándose a una undécima generación, logra entroncarse con Garci Pérez de Vargas, hijo de Pedro de Vargas de Toledo, que acompañó al rey Fernando el Santo en la reconquista de Andalucía.

El padre de nuestro Inca Garcilaso, habíamos dicho, se unió en el Cuzco con Isabel Chimpu Ocllo. Esta dama era de noble origen, nació en el Cuzco, en el seno de la familia imperial incaica. Chimpu es nombre propio y Ocllo un patronímico, que indica algo prestigioso y restringido —recuérdese que Mama Ocllo fue una diosa que surgió del lago Titicaca por mandato del dios Viracocha, para, con su esposo, Manco Cápac. enseñar a los hombres—. Chimpu Ocllo fue hija de Túpac Hualpa, uno de los hijos del Inca Huayna Cápac y de la Palla Tocto Coca. Por lo tanto, Chimpu Ocllo fue nieta de Huayna Cápac, el último gran Inca del Tahuantinsuyo, un rey-emperador.

Chimpu Ocllo debió de conocer al capitán extremeño Sebastián Garcilaso de la Vega y Vargas alrededor de 1538, en el Cuzco. Se convirtió en su pareja, adoptó la fe de Cristo y se bautizó con el nombre de Isabel. De esa unión nació el 12 de abril de 1539 un niño mestizo al que se bautizó Gómez Suárez de Figueroa, pero que después se haría famoso con el nombre de Inca Garcilaso de la Vega, por ser el primer mestizo racial y cultural de América que destacó como literato. En ese hogar, Garcilaso de la Vega creció bajo influjo de los familiares de su madre, por lo que aprendió a apreciar su herencia incaica.

El padre del Inca Garcilaso, como otros muchos hombres, no estaba casado con su madre, así que, cuando la Corona manifestó su desagrado por estas uniones no bendecidas por la Iglesia, llegado el caso él prefirió matrimoniar con otra dama, dejando a Isabel-Ocllo, la que había sido su compañera y con la cual ya tenía un hijo, plantada, como suele decirse. En 1549, cuando aún era pequeño, nuestro Inca Garcilaso fue testigo de la separación de sus padres; el progenitor inició una nueva vida con Luisa Martel de los Ríos. Por su parte, Isabel Chimpu Ocllo se desposó con el comerciante Juan del Pedroche, llevando como dote mil quinientos pesos en plata, una cantidad igual en llamas, así como vestidos.

En 1559 falleció Sebastián Garcilaso, que, aunque no se había casado con la princesa Ocllo, sentía gran cariño por el hijo de ambos. Al hacer testamento (1559), le legó unas tierras en la región de Paucartambo y cuatro mil pesos de oro y plata «ensayados» —es decir, de la más probada calidad— para que el joven mestizo cursara estudios en España. La estima debió de ser mutua, pues en los escritos del Inca, cuando habla de su padre siempre tiene buenas palabras y sentimientos filiales.

Al año siguiente, el joven, que todavía se llamaba Gómez Suárez de Figueroa, partió hacia España para hacer valer sus derechos sobre la herencia de su padre y, en especial, para reivindicar su apellido. Antes de partir, sabemos que se despidió emocionadamente de su madre, a la que nunca más volvió a ver. Ya en la Península, reclamó el derecho a su nombre: Garcilaso —entre sus antepasados ilustres se encontraban, además de Garcilaso de la Vega, Jorge Manrique y el marqués de Santillana—. Consiguió lo que se proponía, y a estos apellidos añadió orgullosamente el apelativo Inca, por el que se le conoce.

En 1561 se estableció en Montilla, donde esperaba contar con la protección de sus parientes paternos, y algún tiempo después lo hallamos en Córdoba (1589), donde se vinculó a los ambientes humanistas españoles y se dedicó al estudio y la investigación que le permitirían escribir sus crónicas.

Por entonces, y al parecer por cuestión de negocios, conoció y tuvo alguna relación con Luis de Góngora, y en Montilla coincidió con Miguel de Cervantes, que recaudaba fondos para la Corona. Y parece ser que Cervantes conocía las obras del insigne mestizo: había leído la traducción por Garcilaso de los *Diálogos de amor* de León Hebreo.

Frecuentó los círculos humanísticos de Sevilla, Montilla y Córdoba, y se volcó en el estudio de la historia y en la lectura de los poetas clásicos y renacentistas. Fruto de esas lecturas fue la celebrada traducción del italiano que hizo de los mencionados *Diálogos* del filósofo neoplatónico León Hebreo, que dio a conocer en Madrid en 1590 como *La Traducción del Indio de los Tres Diálogos de Amor de León Hebre*o —su prólogo está fechado en Montilla en 1586—. Fue su primer libro y la primera obra literaria de valor superlativo hecha por un americano en Europa. Se firmó como Garcilaso Inca de la Vega, hijo del Cuzco, ciudad a la que definía como cabeza de Imperio.

Si su padre no había casado con su madre, tampoco el escritor peruano casó con la mujer con la que convivió, doña Beatriz Vega, a la que se refiere en su testamento como «mi criada», lo que nos hace pensar que ante todos figuraba como tal.

Precisamente por su testamento sabemos que tuvo un hijo natural que probablemente naciera en el año 1588, pero no fue reconocido en ese documento, como era habitual en la época, en los siglos posteriores y en la actualidad: textualmente dice el testamento: «Dejo por heredero del remanente del quinto al dicho Miguel de Sojo, mi hijo natural, y así le declararán para que conste».

Dispone en el dicho testamento que a Beatriz Vega, «mi criada», y a Diego de Vargas, «que yo he criado», se les haga un legado de renta vitalicia de ochenta ducados a cada uno, por año, «durante los días de años de su vida», y añade que les den a ambos otros ochenta ducados «después de los días de la vida (…) para que disponga de ellos lo que quisere a su boluntad». Continúa el documento: «en fallesciendo las dichas personas a de benir la dicha hacienda con lo demás que yo dejare para los efectos e según y de la manera que lo declarare por este mi testamento». El legado previsto para la madre va a estar supeditado a que ella muera antes que el hijo:

> En tal caso quiero y es mi boluntad que dicho Diego de Vargas siendo bivo goze y lleve para sí durante los días e años de su vida de los dichos ochenta ducados (…) para que el susodicho haga dellos lo que quisiere para que lo llebe y cobre para sí por bia de alimentos y se los mando en la mejor manera bia e forma que puedo y de derecho a lugar.

Como al legado de renta vitalicia se le suma el nuevo legado de alimentos, se presume que, efectivamente, el testador podía «tener algún cargo de conziencia» y de este modo, los ochenta ducados auxiliarían a su manutención, entendiendo como «alimentos», la comida, la bebida, el vestido, el calzado, la vivienda, «e todas las otras cosas que les fuere menester».

No mucho se sabe de este hijo de Garcilaso, más allá de que al parecer fue sacristán en una iglesia y que probablemente nunca fue reconocido como tal por su padre. ¿Dudaba el Inca de su paternidad? ¿Tal vez nunca sintió cariño por él? Nada sabemos. El niño nació en España y es el primer mestizo de sangre india nacido en la Península. Solo por eso merece ser recordado.

Nuestro Garcilaso era profundamente sensible a sus orígenes, prueba de ello es lo que sus albaceas grabaron en su epitafio:

> El Inca Garcilaso de la Vega, varón insigne, digno de perpetua memoria. Ilustre en sangre. Perito en letras. Valiente en armas. Hijo de Garcilaso de la Vega. De las Casas de los duques de Feria e Infantado

y de Elisabeth Palla, hermana de Huayna Capac, último emperador de las Indias. Comentó La Florida. Tradujo a León Hebreo y compuso los *Comentarios Reales*. Vivió en Córdoba con mucha religión. Murió ejemplar: dotó esta capilla. Enterróse en ella. Vinculó sus bienes al sufragio de las ánimas del purgatorio. Son patronos perpetuos los señores deán y Cabildo de esta santa iglesia. Falleció a 22 de abril de MDCXVI.

El Inca Garcilaso fallecía en 1616, a la edad de 77 años. El primer mestizo que tuvo un hijo nacido en España. Grandísimo poeta y escritor, lástima que ni casase con Beatriz de Vega ni reconociese a su hijo. Diego llevó el apellido de su madre, y de él nada más se sabe.

Beatriz de la Vega falleció en 1620, cumplidos 50 años. Diego de Vargas, según Íñigo de Córdoba, en 1652, a la edad de 61. Se dejó anotado entre el Inca y el Cabildo, «por juro de heredad y por siempre jamás», que su descendencia pudiera reposar a perpetuidad en la capilla de las Benditas Ánimas de la Mezquita-Catedral.

La figura de Diego de Vargas conlleva la importancia de su ilustre linaje y la de ser considerado el primer descendiente de los Incas, reyes que fueron del incario, nacido y crecido en España, y si no hallamos la persona que heredó a Diego de Vargas, sí sabemos que en España hay multitud de descendientes, personas tal vez ignoradas, que además de la sangre del Inca Garcilaso también llevan la sangre de Isabel, hermana de Huayna Cápac, último emperador del Tahuantinsuyo.

NOTAS

1 *Ad perpetuam rei memoriam* significa 'para perpetuar el recuerdo de la cosa'.
2 «Orden JUS/284/2018, de 8 de marzo, por la que se manda expedir, sin perjuicio de tercero de mejor derecho, Real Carta de Sucesión en el título de Marqués de la Liseda a favor de don Miguel Burgos Gimeno». Boletín Oficial del Estado (69). Por cesión de su padre, don José Manuel Burgos Pérez. Madrid, 20 de marzo de 2018, p. 31464.

ÍNDICE ONOMÁSTICO

OTROS TÍTULOS DE LA COLECCIÓN

- *Guía de la España mágica I.* Juan G. Atienza

- *Guía de la España mágica II.* Juan G. Atienza

- *Expediciones científicas españolas del siglo XVIII.* Agustín R. Rodríguez González

- *Celtas.* Tatiana Guijo

- *Vae Victis.* Luis E. Íñigo

- *Las Edades Brillantes.* Matthew Gabriele y David M. Perry

- *España en el mundo. Curiosidades para leer en familia.* Gestas de España

- *Infografías del Imperio español.* Miguel del Rey y Carlos Canales

- *La segunda columna.* Miguel Ángel Ferreiro Torrado

- *Sereno en el peligro.* Lorenzo Silva

- *El eslabón luminoso. Pervivencia de la realidad milenaria de la España musulmana.* Íñigo Bolinaga